BIBLIOTHÈQUE DES PROFESSIONS
INDUSTRIELLES, COMMERCIALES ET AGRICOLES

INTRODUCTION A L'ÉTUDE DES
BEAUX-ARTS

PEINTURE — SCULPTURE
ARCHITECTURE

PAR

CHARLES CARTERON

ET

EUGÈNE CARTERON
Professeur de Dessin au Collège de Villefranche.

34 illustrations

Beaux-Arts
Décorations

Série K.
N° 1

PARIS
J. HETZEL ET Cⁱᵉ, ÉDITEURS
18, RUE JACOB, 18

INTRODUCTION A L'ÉTUDE

DES

BEAUX-ARTS

Paris. — MAY & MOTTEROZ, L.-Imp. réunies

7, rue Saint-Benoît.

INTRODUCTION A L'ÉTUDE DES

BEAUX - ARTS

PEINTURE — SCULPTURE
ARCHITECTURE

PAR

CHARLES CARTERON

ET

EUGÈNE CARTERON

Professeur de Dessin au Collège de Villefranche.

36 illustrations

BEAUX-ARTS

DÉCORATIONS

Série K,

Nº 1.

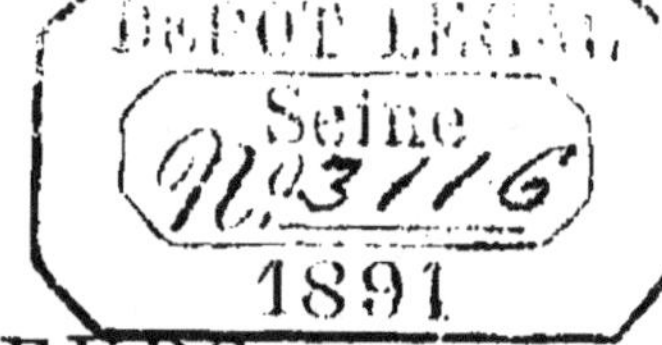

PARIS

J. HETZEL ET Cⁱᵉ, ÉDITEURS

18, RUE JACOB, 18

COURTE PRÉFACE

Pour exposer des choses difficiles et élevées à des enfants plus ou moins avancés, nous avons dû, pour les instruire sans les ennuyer, écrire ce livre d'une manière simple et familière. Mais, tout en résumant et simplifiant le plus possible, nous avons voulu *saupoudrer* chacun de nos entretiens de quelques considérations sérieuses pour l'intérêt des hommes et des vrais amis des arts.

ÉTUDE DES BEAUX-ARTS

LA PEINTURE

ÉTUDE PRATIQUE ET RAISONNÉE DU DESSIN

Le jeune Paul avait des dispositions remarquables pour le dessin. Ordinairement étourdi, insouciant et paresseux, il devenait calme, attentif et studieux, lorsqu'on lui faisait copier une estampe. Aussi il était aimé de son professeur, le premier de la classe de dessin, et distingué au lycée pour ce genre de travail.

Ses parents, décidés par cette vocation et ces succès précoces, se résolurent à en faire un peintre, ce
que lui-même désirait et réclamait avec de vives
instances. Son père l'emmena à Paris, chez un grand
maître, auquel il déclara l'intention bien arrêtée de
son fils d'étudier la peinture ; ajoutant qu'il n'était
pas tout à fait un novice, car il savait très bien dessiner et avait eu, chaque année, le premier prix à
l'école du lycée.

Le grand maître lui confia un modèle, lui recom-
manda de le copier, puis de lui rapporter le modèle
et la copie.

Aussitôt Paul s'enferma, se mit ardemment à
l'œuvre, employa toute son attention, toute son
adresse, tout son savoir pour faire ce travail, et,
lorsqu'il l'eut achevé, il le montra au maître. Celui-ci,
après un moment d'examen, lui dit : « Mon enfant,
vous ne savez rien... Mais, cependant, vous avez un
avantage : c'est que vous ne savez rien de mal, de
telle sorte que vous n'aurez rien à désapprendre. »

Puis, voyant qu'en entendant cela le pauvre Paul,
qui s'était cru un artiste, tombait des nues, et rou-
gissait, blêmissait de honte et surtout d'étonnement,
il ajouta : « Il ne faut pas vous étonner ni vous effrayer
de ce que je vous dis là ; car c'est peut-être la faute

de votre méthode plus que la vôtre. Vous avez travaillé jusqu'ici en aveugle et sans vous rendre compte de ce que vous faisiez. Vous faites des hachures superbes, vous ombrez avec adresse, l'on voit que vous avez mis beaucoup d'application, employé beaucoup de temps à cet exercice, et ce n'était pas très utile. Écoutez l'*a*, *b*, *c*, *d* de l'art — dont vous ne vous doutez pas ; — si vous me comprenez bien, vous allez en apprendre plus en un instant que vous ne l'avez fait en des années :

« La peinture est basée sur le *dessin*, le dessin sur la *forme*, et la forme sur *les lignes et les ombres*.

« Or, on imite par le dessin tous les objets, en reproduisant les mêmes lignes que présente leur forme. Quatre lignes suffisent pour cela, suffisent pour nous aider à retracer tous les modèles : la ligne *perpendiculaire* qui tombe à plomb de haut en bas, la ligne *oblique* qui est plus ou moins penchée, la ligne *horizontale* qui est droite dans le sens de l'horizon, et la ligne *arrondie*.

« Lorsque vous avez un objet ou une figure à reproduire, vous remarquez celles de ces lignes que la forme de votre modèle présente, et vous retracez ce modèle sur le papier en observant la direction de *ses* lignes, en idée ou avec de légers points. C'est-à-dire que, pour copier une tête droite et vue de face, vous tirez une ligne horizontale à la place des yeux, une ligne horizontale sous le nez, une ligne horizontale à la place de la bouche et une sous le menton. Vous mesurez, à l'œil, et marquez par des points les grandes largeurs des yeux, du nez et de la bouche. Après avoir marqué également par un point le milieu juste du visage, vous observez la distance du haut de la tête, relativement à celle des yeux et du bas du menton, que vous avez déjà; vous tracez une ligne ronde pour la forme du crâne, deux lignes droites pour le front (dans la direction perpendiculaire de celles du modèle), deux autres lignes arrondies pour les joues, et, lorsque vous avez obtenu cette grande masse anguleuse, votre copie doit rappeler le modèle, si vous avez bien observé les distances et la place relative des traits.

« Puis, vous passez aux détails, qui sont alors devenus faciles à faire dans ce cadre exact; et vous procédez, *avec plus de finesse*, en petit comme vous venez de procéder en grand. — Si vous n'êtes pas assez exercé pour placer juste à leurs distances respectives les lignes qui doivent servir de base ou de repère à votre travail, vous prenez et tenez verticalement votre porte-crayon entre le pouce et l'index, vous étendez le bras en face du modèle, et de l'extrémité supérieure de votre crayon à l'ongle de votre pouce, que vous faites monter ou descendre à volonté (tenant un œil fermé), vous pouvez très bien mesurer et comparer, soit en hauteur, soit en largeur, les distances que vous désirez avoir.

« Ensuite, on anime, on modèle cette silhouette par le clair-obscur ; c'est-à-dire en y distribuant des *lumières*, des *ombres*, des *pénombres*, des *reflets* et des *ombres-portées.*

« Toutes ces distinctions sont moins difficiles à faire qu'elles ne le paraissent. Ainsi :

« Les lumières marquent les endroits où le jour arrive directement, à plomb sur l'objet ; il s'y arrête plus qu'ailleurs, et *ce sont les endroits les plus brillants.*

« Là où le jour vient frapper obliquement, il glisse, ne peut laisser toute sa clarté, et il forme la pénombre, *qui est moins lumineuse que les lumières.*

« La partie de l'objet qui est cachée au jour ne le reçoit naturellement pas et reste dans l'obscurité : *c'est l'ombre.*

« La partie qui non seulement ne voit, ne reçoit pas le jour, mais sur laquelle tombe l'ombre de la partie déjà obscure, s'appelle l'ombre-portée. *Elle est la plus sombre.*

« Puis les endroits, dans l'ombre, **qui** reçoivent la réflexion des parties lumineuses s'appellent les reflets. Ils sont *plus lumineux* que l'ombre et l'ombre-portée, *jamais autant* que la pénombre et les lumières.

« Ces phénomènes sont plus sensibles, plus faciles à observer et à distinguer sur un modèle exposé au soleil : parce que, alors, la différence des valeurs, le passage de la lumière aux demi-teintes et aux ombres sont plus accentués. Et en observant bien toutes ces dégradations de lumière, et en les distribuant sur son dessin comme on les aura observées, on obtiendra une figure parfaitement saillante et modelée.

« Il en est de même pour le modelé de la peinture.

« Toutefois, pour la peinture, il est besoin de quelques observations particulières. Ainsi les lumières ou les parties où frappe le jour sont brillantes, mais souvent incolores. La couleur de l'objet ne paraît qu'au commencement de la pénombre, — qui s'appelle ici demi-teinte, — et elle change de ton en se dégradant et se fondant avec cette demi-teinte dans l'ombre. L'ombre, bien qu'obscure, conserve toujours un peu la couleur naturelle de l'objet, de même que l'ombre-portée ; tandis que les reflets rappellent plutôt les couleurs voisines ou environnantes, qu'ils reflètent : et tout cela a sa raison d'être.

« A présent, mon jeune ami, continua le maître, que je vous ai ouvert les yeux sur l'art du dessin, que je vous ai indiqué la manière de travailler sans se fourvoyer, il vous faut aller à l'atelier pour en faire l'application par la pratique. »

Et Paul s'empressa de suivre ce conseil.

Il se rendit, muni de son carton et de ses crayons, dans un atelier de jeunes gens. C'était une grande pièce éclairée par un large vitrage au nord, garnie de quelques bustes en plâtre ; et, sur un cube en planches, il vit un modèle d'homme qui posait nu devant une trentaine d'élèves de tout âge.

Son arrivée fut un sujet de curiosité et de distraction pour ces futurs génies de la France, — dont le plus grand nombre n'arrive guère à la célébrité... On lui fit bien des niches, bien des plaisanteries bonnes et mauvaises ; mais passons, ce n'est pas là ce que je dois vous apprendre.

Il s'assit avec d'autres de sa force devant une figure en plâtre, et il se mit à dessiner d'après la *bosse*, en ombrant, en modelant avec du crayon, avec une estompe, avec le doigt, avec de la mie de pain, enfin avec tout ce qui peut aider pour arriver au résultat. Puis, au bout de quelque temps, lorsqu'il y fut parvenu en voyant faire ses camarades et en suivant les conseils du maître, il commença à peindre.

LE MÉTIER DE LA PEINTURE. — DIFFÉRENTES MANIÈRES DE PROCÉDER. — LE COLORISTE ET LE DESSINATEUR PURISTE

Paul ne peignit pas d'abord d'après nature, d'après le modèle vivant; il peignit d'après la bosse, avec du blanc et du noir, en *grisaille,* afin d'apprendre à manier le pinceau et la couleur. Puis, lorsqu'il sut ombrer avec la brosse en mélangeant plus ou moins ces deux teintes, lorsqu'il sut bien les mettre à leur place en leur donnant la valeur des ombres, des pénombres et des lumières du modèle, il couvrit sa palette des quinze couleurs que l'on emploie le plus habituellement dans la peinture à l'huile.

Ces couleurs sont : le *blanc de plomb,* le *jaune d'antimoine,* le *jaune de Naples,* l'*ocre jaune,* la *terre de Sienne naturelle,* la *terre de Sienne brûlée,* le *brun rouge,* le *vermillon,* les *laques carminée et de garance*, le *bleu de cobalt*, la *terre de Cassel*, la *momie*, le *noir de vigne* et le *noir d'ivoire*.

Avec ces principales ressources de la palette, combinées, mélangées entre elles, l'on doit arriver à imiter toutes les nuances des chairs et la plupart des autres.

Paul, en mélangeant des couleurs ensemble avec son *amassette*[1], prépara sur sa palette une dégradation de teintes rappelant celles du modèle ; puis, avec la brosse, il les plaça et les étendit le mieux qu'il put sur son esquisse. Mais bien qu'il eût mis du rouge, du blanc, du jaune et du bleu là où il voyait ces couleurs sur le modèle, son travail ne ressemblait à rien qui vaille : sa figure se coloriait, mais elle ne se formait, ne se modelait pas... Il ajouta des demi-teintes pour l'arrondir, la faire tourner ; mais ces demi-teintes, en se mêlant aux lumières, se salirent, se noircirent et gâtèrent tout.

Et longtemps, en recommençant et en revenant à la charge, il pataugea sans pouvoir réussir.

Alors, se souvenant que la peinture était basée sur le dessin, il s'y prit différemment qu'il ne l'avait fait. Il arrêta correctement son trait avec une seule cou-

1. Couteau mince et flexible.

leur, traça exactement la place et la forme des ombres et des ombres-portées, qu'il remplit d'une même teinte sombre et transparente (momie ou bitume); et il vit avec satisfaction sa figure prendre du relief. Puis il plaça les lumières ; puis, entre les lumières et les ombres, les demi-teintes qui cette fois ne se salirent plus, et, en mariant les tons ensemble avec une brosse plate très douce, en revenant sur les ombres et sur le tout avec des touches adroites et légères, il obtint un meilleur résultat.

De cette manière, en se familiarisant peu à peu avec la valeur des teintes qu'il préparait sur sa palette ; en distinguant bien les nuances et la forme des plans ; en ajoutant un fond calculé de manière à faire opposition d'un côté aux lumières et de l'autre côté aux ombres, il fit, *au premier coup,* des études assez passables.

Le maître, qui avait observé ses tâtonnements et ses efforts, lui dit un jour : « Mon ami, vous voici à présent sur la bonne voie, et en travaillant ainsi vous ferez des progrès certains. Vous observez et vous raisonnez, et c'est là la première base de tous les arts.

« En effet, au commencement, l'art de la peinture consiste en entier dans l'*observation* et dans le *raisonnement;* l'exécution fougueuse, l'inspiration, le feu sacré ne sont bons que plus tard, et nous en parlerons lorsqu'il en sera temps. Pour *imiter* un modèle ou tout autre objet que l'on a devant soi, il faut l'examiner, le bien voir, pour savoir comment il est fait. Il faut *observer* les teintes qu'il présente, et, lorsque la brosse mélange sur la palette les couleurs pour reproduire ces teintes, il faut *raisonner;* lorsqu'on les transporte sur la toile, il faut que le raisonnement précède et conduise la main afin de les bien placer où elles doivent être. Il faut *observer* non seulement tout ce que l'on a observé pour modeler en dessin, mais encore *réfléchir* que les demi-teintes sont pour lier, pour unir les lumières aux ombres et qu'elles doivent en participer et se fondre avec elles, sans s'altérer elles-mêmes ; *réfléchir* que les lumières ne sont brillantes que par le contraste des ombres qui les font valoir, car nous n'avons pas de couleur broyée avec le soleil... Le blanc est la couleur la plus claire, la plus brillante de notre palette, et c'est au peintre à le rendre plus ou moins lumineux en calculant plus ou moins bien ses fonds et ses oppositions.

« Il faut donc se rendre compte de tout avant d'agir. Et ne croyez pas que cette exécution raisonnée entrave ou paralyse le travail de l'artiste ; au contraire, elle le facilite et l'assure pour toujours. Si, au commencement, il doit copier exactement, servilement le modèle qu'il lui faut imiter, plus tard il lui faudra aussi imiter exactement ce qu'il entreverra dans son imagination pour le faire connaître et apprécier aux autres ; et, s'il n'en a pas la force, *s'il ne peut pas rendre ses idées*, aurait-il les meilleures pensées, les plus belles intentions, les plus merveilleuses inspirations, tout cela sera stérile et inutile s'il ne peut pas lui donner une forme évidente et parfaite.

« Pour exprimer ce que l'on voit en soi, ou pour imiter les œuvres du Créateur, il faut observer la créature, beaucoup étudier, beaucoup imiter la nature, afin de se rapprocher de la réalité lorsqu'on veut rendre ce qui est devant soi ou dans sa pensée.

« Mais lorsque la pratique et le travail vous ont donné une certaine habitude de la peinture, le raisonnement ne ralentit pas l'exécution ; il se fait seul et pour ainsi dire sans qu'on s'en doute : l'expérience acquise, l'habitude, l'adresse même, tout concourt à vous faire arriver à un prompt et bon résultat manuel. Puis, lorsque l'artiste est devenu maître de son pinceau et de sa palette, c'est alors qu'il peut s'essayer dans son sentiment. Car, si les premières études doivent être réglées méthodiquement, si la manière de voir peut se modifier, peut être rectifiée, la manière d'éprouver et de sentir ne peut être changée.

« Ainsi, — conduit par son sentiment particulier, — l'un, s'attachant plus à la pureté du dessin qu'à la couleur, commencera par un trait correct et cherchera avant tout *la forme* de son modèle; puis il corrigera, effacera, travaillera en s'efforçant de la rendre plus parfaite, sans se soucier d'assourdir ou de ternir ses demi-teintes. Sa peinture deviendra-t-elle blafarde, même à ce prix, il sera satisfait s'il obtient un dessin exact et correct.

« Un autre, sur une esquisse légère, ébauchera *à l'effet* par grandes masses, et terminera de même, à l'effet, par des touches hardies et adroites sans tracer exactement la forme des traits. Et, bien que de près tout soit vague et indécis, de loin cela se modèle et fait souvent bien.

« Enfin d'autres encore, recherchant *surtout la couleur*, peindront hardiment et à pleine pâte. Ou bien ils modèleront en grisaille, et ajouteront sur ce dessous modelé et bien sec les teintes et les nuances colorantes, qui, mises ainsi en *frottis*, conservent toute leur pureté et tout leur éclat. Mais quelquefois, lorsque des tons beaux et fins se trouvent sur une forme imparfaite, ils ne corrigent pas la forme pour ne pas gâter la couleur. »

A ce propos, Paul dit à son maître : — On deviendrait certainement coloriste si l'on se conformait bien aux indications des savants et des physiciens, qui établissent trois couleurs élémentaires simples : le jaune, le rouge et le bleu, et conseillent de ne les mélanger que deux ensemble pour qu'elles conservent leurs propriétés colorifiques, tandis qu'en les mêlant par trois, ce mélange ternaire les rend incolores et sans éclat.

Cette observation fit sourire le maître, qui reprit : « Mon ami, il ne faut jamais que le peintre s'égare dans la science, sous peine de quitter la proie pour l'ombre... Regardez : vous avez les cheveux blonds et moi je les ai noirs, il y a des hommes qui sont naturellement gais, d'autres naturellement tristes, il y a des yeux qui voient les objets plus gros qu'ils ne le sont, d'autres plus petits ; il en est de même pour les peintres. Les vrais coloristes ne sont pas les peintres chimistes... pas même ceux qui recherchent la couleur ; ce sont ceux qui *la voient naturellement* et la reproduisent partout : dans leurs dessins aussi bien que dans leurs peintures.

« Croyez-moi, les savants sont comme les laborieuses abeilles qui font des travaux parfaits, excellents ; mais, pas plus que les abeilles, ils ne peuvent nous apprendre à faire le miel... Pour produire l'arome, la qualité spéciale, le merveilleux des choses, il faut que Dieu en ait mis la faculté dans notre organisation et dans nos sens. On *naît* coloriste, ou on ne l'est pas. »

LA COMPOSITION. — LES DIFFICULTÉS. — LA PERSPECTIVE. — QUELQUES CONSEILS.
LA VOCATION

Cependant, insensiblement, Paul atteignit, en peinture, au degré de force auquel tout le monde peut atteindre par un travail bien dirigé.

Mais, en achevant ses études, il se déclara en lui quelque chose de particulier. Lorsqu'il se trouvait en face de la nature ou devant un beau tableau, il regardait, il examinait chaque chose avec un intérêt extraordinaire : quelquefois il s'absorbait tellement dans cette contemplation qu'il ne pouvait s'en arracher. Ou bien, lorsqu'il lisait dans un livre quelque passage intéressant, non seulement il était ému comme tout le monde, mais la scène entière se retraçait devant lui comme s'il y eût assisté : en fermant les yeux, il distinguait les personnages, leur costume, leur figure et leur expression ; il les voyait mouvoir et agir.

Dès lors tout prit de l'intérêt autour de lui, il découvrit des beautés, des choses dignes de remarque là où tout le monde ne distinguait, ne voyait rien. Il admirait la transparence d'une ombre, un effet de lumière, la pose et le mouvement de n'importe quel personnage, et il lui prit une envie irrésistible, — comme une fièvre, — de rendre quelques-unes de ses impressions.

Il fit avec ardeur des essais, des *esquisses*, les unes dessinées, les autres peintes ; mais quoiqu'il y eût des personnages bien, des poses bonnes, l'ensemble ne lè satisfaisait pas. Il y avait des figures trop grandes, d'autres trop petites ou paraissant être les unes sur les autres, et cela lui fit sentir l'utilité de la *perspective*. Car jusque-là, en peignant à l'atelier des modèles isolés et tous vus de la même distance et à la même place, son coup d'œil avait suffi et il ne s'était pas aperçu de son ignorance.

Il lui fallut donc étudier la *perspective*, et, pour résumer, voici en deux mots ce qu'il apprit :

Lorsqu'on regarde devant soi ou qu'on esquisse

un tableau, la ligne qui est à la hauteur de l'œil représente l'horizon, et, suivant un principe invariable, l'on doit voir *le dessus* des objets placés *au-dessous* de cet horizon, et *le dessous* de ces objets quand ils sont placés *au-dessus*.

En suivant cette base, cette loi d'optique, si le terrain est uni, c'est-à-dire sans creux ou sans élévation, tous les objets (de même grandeur) reposant sur ce terrain devront être coupés de même par l'horizon. Ou bien ils devront être à une égale distance de lui, — soit au-dessus, soit au-dessous, — en observant, toutefois, leur diminution relative causée par l'éloignement.

Cette diminution se calcule et se reconnaît ainsi :

On commence par tirer une ligne à la hauteur de l'horizon sur tout le tableau. Puis, un personnage étant tracé de la grandeur que l'on désire au premier plan, on porte cette grandeur avec un compas (horizontalement) sur le bord inférieur du tableau, et, de l'extrémité de cette longueur mesurée, on tire une ligne très droite jusqu'au point où la ligne d'horizon rencontre le bord du tableau. Alors, dans ce triangle très aigu, toutes les longueurs *horizontales* que l'on trouvera, que l'on prendra, à n'importe quelle distance, représenteront les grandeurs du personnage du premier plan, placé et vu à toutes ces distances. En effet, l'on conçoit que, la base de ce triangle mesurant un homme couché, l'écartement de ce triangle représentera la même grandeur d'homme couché, diminuant de plus en plus jusqu'à l'horizon.

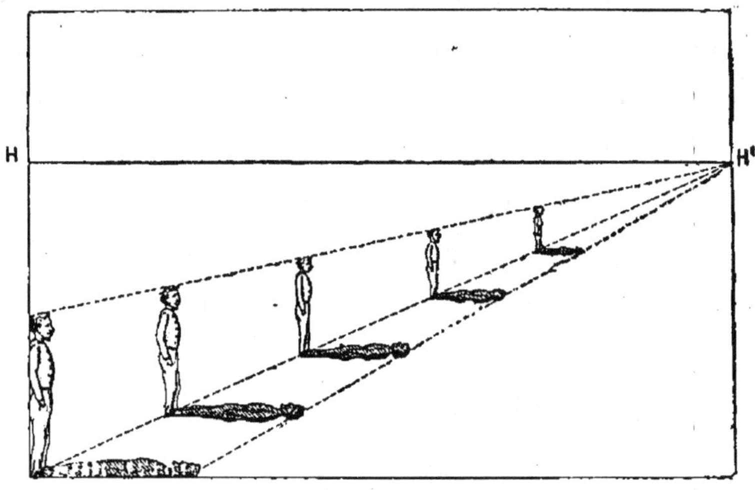

DIMINUTION RELATIVE CAUSÉE PAR L'ÉLOIGNEMENT

Chaque ligne perpendiculaire ou horizontale représente la dimension du personnage aux différentes distances.

Il faut savoir aussi que, sur la ligne de l'horizon, le point qui est juste en face de l'œil est le point visuel, ou *point de fuite principal*, et que toutes les lignes parallèles et fuyantes des édifices, des figures et des objets des premiers plans vont, en s'éloignant, y aboutir et y finissent à rien. C'est la portée extrême de la vue du spectateur.

Après tout cela, l'on comprend aisément qu'une fois la hauteur de l'horizon arrêtée, la place du modèle et celle du peintre ne doivent plus varier, sous peine de changer la direction des lignes, c'est-à-dire l'aspect des objets, en déplaçant l'assiette de la perspective.

Ces connaissances acquises, Paul réussit mieux dans l'arrangement de ses compositions. Il put mettre ses bonshommes à leur place, sans qu'ils s'écrasassent et sans qu'ils eussent une longueur de tête de trop ou de moins les uns par rapport aux autres...

Il fit en même temps plusieurs compositions, car, excitée par la fougue de son âge, l'abondance de son imagination lui fournissait de nombreux sujets. Il peignit avec ardeur, avec bonheur — la nuit seule pouvait interrompre son travail — et l'exécution manuelle en fut très satisfaisante.

Mais, lorsqu'il croyait avoir entièrement réussi, lorsque, s'étant réjoui le soir en contemplant son œuvre qui lui avait paru bien, il l'examinait le lendemain avec autant d'attention que d'impatience, alors il la revoyait tout différemment qu'il ne l'avait vue la veille... et n'était plus satisfait. Les parties qui lui avaient semblé harmonieuses étaient trop assourdies; les effets qu'il avait cru être accentués, énergiques, étaient heurtés et durs ; quelques-uns de ses groupes rappelaient des pyramides; les têtes se suivaient d'une manière trop régulière et fâcheuse, et certaines lignes parallèles se nuisaient...

Cependant Paul ne se découragea pas. Il gratta sa toile, corrigea et recommença, laissant de côté ses essais les plus imparfaits et s'attachant aux meilleurs. Il parcourut les musées, examina les tableaux anciens et modernes, il consulta des traités de peinture, et se remit à l'œuvre.

Cette fois, il crut mieux équilibrer ses personnages. Il les drapa à l'antique, choisit de beaux modèles pour ses héros et ses premiers plans, concentra toute la lumière, tous les effets brillants sur eux; puis, espérant avoir réussi, il voulut avoir l'opinion de son maître.

Celui-ci se rendit volontiers au désir de son élève, et, après avoir examiné longuement et avec intérêt son tableau, il lui dit :

« Vous voilà arrivé, mon ami, au degré peut-être le plus critique sinon le plus difficile de votre carrière : parce que vous savez assez pour ne plus être élève, et pas assez pour être maître. A présent, l'on vous critiquera, parfois amèrement, mais on ne vous donnera plus de conseils; et cependant vous en avez encore grand besoin, plus besoin que jamais.

« Vous avez, dans votre exécution, de la hardiesse, beaucoup d'adresse de main, mais l'ensemble de votre composition accuse trop d'inexpérience.

« Lorsqu'on veut arrêter, indiquer les scènes qui apparaissent dans son imagination, lorsqu'on veut exprimer ses impressions pour soi seul, quelques notes, une esquisse expressive suffisent. Mais lorsque l'on fait un tableau pour le présenter au public — qui n'est pas prévenu, qui ne connaît pas vos idées, — il faut que ce tableau soit fait pour le public, c'est-à-dire qu'il soit complet, évident, parlant pour ainsi dire, et ce résultat réunit plusieurs conditions difficiles.

« Une de ces conditions, qui encadre toutes les autres, c'est l'effet général du tableau. Les effets particuliers sont subordonnés à cette grande disposition du jour et de l'ombre, mais il faut qu'ils en participent. En resserrant, en concentrant toute la lumière sur votre seul acteur principal, vous avez trop exagéré votre effet; car il y a une limite en tout, sans cela ce qui est bon peut devenir mauvais. *Rembrandt* est un maître qui a exagéré ainsi ses lumières, afin de les rendre plus brillantes en leur opposant de fortes ombres; mais il n'est guère à imiter; d'abord parce qu'il n'est pas aisé de le faire avec avantage, et ensuite parce qu'en laissant dans l'ombre les plus grandes parties de ses tableaux, il n'a pu éclairer et représenter que des scènes de deux ou trois personnages dans un milieu obscur. Les peintres vénitiens, qui étaient de brillants coloristes, donnaient plus de la moitié de leur tableau à la lumière et aux demi-teintes; et *Rubens* lui-même en donna davantage. Les effets clairs et transparents sont peut-être plus difficiles que ceux par les ombres, mais ils sont plus agréables.

« De même, il ne faut pas baser tout l'effet du clair-obscur sur un seul rayon de lumière, sur du noir et du blanc, car ce n'est pas un bon moyen que de vouloir attirer toute l'attention, tout l'intérêt sur un seul personnage; ou bien de transformer bénévolement celui-ci en héros, en le rendant plus remarquable que les autres par sa grandeur, par sa beauté et celle de son costume, ou par une attitude théâtrale. Il en est pour la composition comme pour le modelé : on ne fait pas valoir, saillir un trait du visage en l'exagérant aux dépens des autres ; mais bien en lui opposant des ombres bien combinées.

« Certainement il est utile, dans l'intérêt du
sujet, de faire certains sacrifices, mais des sacrifices ra-
tionnels. Ainsi, de même que dans un effet de lumière,
de même dans un tableau le regard du spectateur
doit être conduit tranquillement, sans effort, à l'action ou au personnage principal. Et, pour faire
remarquer cette action ou cette figure principale, un
entourage, une opposition d'autres personnages,
humbles, obscurs, grossiers ou naïfs, enfin impor-
tants à un degré inférieur, feront beaucoup plus
qu'un beau costume et de grands mouvements.

« Le charme ou l'intérêt de la composition est
bien plutôt dans le naturel des poses, dans la vérité
et la convenance de l'expression, que dans l'exagération en n'importe quel genre. Il faut éviter ces
mouvements forcés — sous prétexte d'énergie, —
ces expressions outrées qui sont plus grotesques que
dramatiques, et ne conviennent que dans une scène
de lutte, de combat ou de massacre.

« Il faut se défier des données systématiques,
qui enferment dans des règles classiques et absolues
l'ordre et l'arrangement de la composition. La naïve
imitation du naturel, du simple, l'impulsion du
sentiment, quelquefois même du hasard, vous ser-
vent souvent mieux qu'une méthode par trop sa-

vante ; car toutes les sciences et toutes les beautés sont dans la nature, les arts n'en sont que les reflets et, en voulant les rendre trop brillants, on peut au contraire les éteindre : on les dénature.

« Les systèmes dans les arts — comme en bien des choses — causent la froideur ou l'exagération. Ils présentent au talent des obstacles dangereux et quelquefois infranchissables, tandis que l'ignorance, l'inexpérience, l'erreur peuvent se corriger, se perfectionner, et permettre d'aller en avant.

« Il en est comme de l'étude du squelette et de la myologie. La connaissance en est bonne, précieuse pour se rendre compte de la forme et mieux comprendre ce que l'on fait ; mais l'abus en est dangereux, il est pour le travail artistique plus nuisible qu'il n'est utile. De même ceux qui, admirateurs passionnés des *antiques,* veulent avant tout que l'*on fasse sentir le nu sous le vêtement,* ceux-là se trompent et donnent un mauvais conseil ; car, vouloir exagérer ce que représente le modèle, vouloir dénaturer les plis convenables ou heureux d'une draperie, c'est chercher une beauté cachée que l'on ne peut montrer que voilée, incomplète et souvent disgracieuse, au prix d'une beauté évidente et naturelle.

« Après cela, mon ami, tout ce que je viens de
vous dire est bon à observer, surtout à méditer;
mais ça ne vous sera absolument, véritablement utile
que si vous êtes amateur des arts sans être né artiste.
Si vous êtes réellement *artiste*, c'est-à-dire si vous
êtes fortement ému par l'impression du beau, surexcité par des inspirations extatiques ou révélatrices,
la science des autres vous sera superflue; car, alors,
votre génie artistique, — une fois que votre main
saura, pourra lui obéir, — fera tout par lui-même,
par lui seul, et, sans tant de calculs, ce qui conviendra, ce qu'il faudra faire naîtra aisément devant
vous.

« Je ne veux pas dire que votre travail sera alors
infaillible; mais il sera inspiré, autrement dit, conduit par une intuition particulière, extraordinaire,
qui le rendra fort et parfait, — sinon pour toujours,
du moins pendant un moment d'enthousiasme, d'ardeur et de fièvre, dont il faut se hâter de profiter, car
ce moment cesse.

« Et puis, l'artiste est essentiellement, naturellement, presque involontairement observateur, et, au
bout d'un certain temps, les accents de la nature si
souvent répercutés en lui, ses divers aspects, si souvent réfléchis dans ses yeux comme dans un miroir,

y ont en quelque sorte laissé leur empreinte, et il les trouve en lui-même lorsqu'il en a besoin !

« En effet, s'il en était autrement, si l'artiste ne travaillait pas un peu par intuition, il ne ferait rien de bien, rien de remarquable, surtout étant jeune ; car, le plus souvent, il ne voit clair dans les arts qu'à l'âge où il n'a plus le temps ou l'ardeur de produire. Jusqu'à quarante ans (quelquefois plus, quelquefois moins), il erre au hasard entre les différentes manières : entre le dessin et la couleur, entre le faux et le vrai, surtout entre le beau réel et le beau de convention, — si ce n'est la mode, **car** elle se fait sentir jusque dans les arts, et il faut être déjà grand et fort pour qu'on puisse s'en affranchir.

« Bien certainement, le peintre, comme le poète, comme le sculpteur, comme tous les artistes, a et doit avoir une *vocation*, c'est-à-dire une impulsion intérieure, une révélation, une ardeur particulière qui lui donne une force qui vient plus de sa nature que de l'étude. Cela s'appelle fièvre artistique, seconde vue ou feu sacré, peu importe, mais c'est indispensable pour faire de l'art.

« Certainement, une étude, une seule figure, correctement dessinée, bien peinte, bien modelée présente un résultat suffisant ; mais, pour un tableau, il faut autre chose. Cette même figure, qui, isolée, était irréprochable, devient mauvaise ou imparfaite si elle ne se groupe pas bien dans la composition, si elle ne s'anime pas par l'expression et par l'apparence du mouvement, et si elle ne s'harmonise pas avec les autres sans se perdre dans l'effet général. — Les chairs, qui étaient convenablement modelées, doivent encore paraître palpitantes, morbides, vivantes ou inanimées, selon le sujet. Les draperies, exactement dessinées, doivent encore être harmonieuses de ton, légères et, pour ainsi dire, mouvantes et expressives suivant l'action du tableau. Mais pour faire sentir tout cela, il faut le sentir soi-même et avoir plus que du talent.

« Un peintre n'est pas un simple copiste — car alors le plus beau des tableaux serait une glace étamée, — il doit non seulement copier la nature, mais *l'exprimer*. Il doit l'émonder; faire un choix parmi ses beautés et ses nuances; isoler ou réunir de la manière la plus avantageuse ce qui peut plaire au spectateur; et pour réussir à cela, il faut qu'il en trouve le sentiment en lui-même. Il doit saisir et rendre non seulement la physionomie des hommes et des choses, mais l'esprit, l'âme, la vie, le mouvement : toutes choses qui ne s'enseignent pas.

2.

« Non ! cette révélation précieuse, cette force artistique, on pourrait dire électrique, vient de son organisation naturelle, et n'est pas commune !

« *Électrique* n'est pas une expression outrée, car
cette force réside dans un fluide enthousiaste, qui
sommeille chez l'artiste tant qu'il ne reçoit aucun
choc qui ébranle sa sensibilité ; mais lorsqu'il voit
une scène émouvante, lorsqu'il admire quelque chose,
ou lorsqu'il compose... une sorte d'étincelle électrique vient l'animer, l'exalter, et lui prêter parfois
une grande puissance d'exécution ! — Et que cette
puissance, momentanée mais renaissante, soit une
fièvre artistique ou l'inspiration du génie, il faut cette
fougue ardente à l'artiste ; car, s'il ne l'a pas en certains moments de son travail, s'il ne se transporte
pas entièrement dans son sujet, s'il ne copie rien
que son incomplet modèle, s'il n'aperçoit rien au
delà, enfin s'il ne s'incarne pas dans son œuvre
comme l'acteur dans son rôle, son tableau n'impres-
sionnera, ne frappera pas le spectateur ; en effet,
quelque savant ou adroit qu'il soit, il n'aura reproduit que la partie morte, inerte, du sujet, il n'aura
traduit qu'une partie de sa pensée, et, je le répète,
son œuvre sera peut-être irréprochablement correcte, mais froide et sans effet. »

LES DIFFÉRENTS GENRES DE PEINTURE

PEINTURE D'HISTOIRE ET PEINTURE RELIGIEUSE

Lorsque le peintre sait peindre, c'est-à-dire sait reproduire exactement sur la toile ce qui s'offre à ses pensées ou à ses yeux, il doit choisir le genre de peinture qui lui convient. Mais, très souvent, ce sont les circonstances et le hasard qui lui dictent ses compositions, et ce n'est que plus tard — lorsqu'il a sacrifié à l'expérience et aux exigences de la vie artistique — qu'il trouve et accuse son type propre, son vrai caractère de talent.

Le genre le plus noble, le plus élevé et le plus difficile est la peinture *d'histoire*, qui doit retracer les actions historiques, les scènes dramatiques et, en un mot, tous les événements grands et petits qui ont eu de l'intérêt ou du retentissement parmi les hommes. C'est le drame et la tragédie de l'art.

L'on comprend aisément que ce genre présente de nombreuses et grandes difficultés ; il faut non seulement que l'artiste sache peindre avec facilité, mais qu'il soit instruit, qu'il ait une connaissance parfaite de l'histoire, des costumes de chaque époque, et des hommes et des choses qu'il veut représenter et mettre en scène.

Non seulement il ne doit pas commettre d'anachronisme de faits et de costumes, mais il doit se reporter à l'époque où l'action a eu lieu, étudier de près les événements historiques, se rendre compte des mœurs du temps, et s'identifier avec les habitudes et le caractère particulier de ses personnages. En somme, il doit réunir à un talent pratique la maturité du raisonnement, la science des hommes et l'intelligence de l'histoire.

Certainement, beaucoup de peintres font des tableaux d'histoire avec des bases moins solides et sans étudier le fond des choses, mais c'est pour cela qu'il y en a si peu de réussis et tant de grotesques; c'est pour cela que les peintres abandonnent ce genre de peinture ou que ce genre de peinture abandonne les peintres, — car les tableaux d'histoire sont peu nombreux dans nos Expositions, ils ne sont guère faits aujourd'hui que sur commande.

Par une raison analogue, et sous l'influence de

l'opinion du jour, la peinture *religieuse* a été ou va être abandonnée.

En effet, les tableaux de sainteté sont actuellement, non seulement rares et peu recherchés mais, généralement faibles et sans caractère religieux. Cela vient de ce que le fond, la base, c'est-à-dire la foi manquent, et c'est bien là la preuve que, sans l'impulsion intérieure, sans l'inspiration, l'adresse et le talent manuels sont insuffisants.

Cependant la peinture religieuse offre à l'imagination de l'artiste les plus riches, les plus belles compositions en même temps que les costumes les plus avantageux, et, à la grande peinture, le canevas le plus convenable et le plus attrayant.

Là, tous les avantages, toutes les beautés, toute la grandeur imposante de la peinture peuvent se montrer et être mis en œuvre, soit que le peintre veuille représenter les grandes scènes, les passions violentes des humains, ou le domaine merveilleux du ciel, ou bien qu'il s'attache à reproduire des sujets de piété mystique et intimes. Là, il peut donner un libre cours à son imagination, à la poésie, à l'idéal ; il peut exprimer les plus admirables sentiments que l'on souhaite à la nature humaine, créer les expressions les plus belles, les plus nobles, les plus calmes, les plus naïves et les plus saintes, en même temps que toutes les oppositions contraires.

Il peut mettre la douceur, la générosité en face de l'ingratitude et de la férocité ; l'innocence, la chasteté, à côté de la méchanceté et du vice ; l'intelligence et la méditation en face de l'ignorance et du vice ; peindre la ferveur religieuse et l'impiété, la foi et le doute.

Mais pour bien exprimer ces sentiments, il faut les éprouver ; pour les éprouver, il faut les comprendre ; et, la foi étant morte, le doute l'ayant ensevelie, les saintes de nos peintres sont matérielles et mondaines, leurs vierges rappellent trop la fille qui a servi de modèle, et leurs saints regardent le ciel avec l'incrédulité de l'auteur... D'où il résulte que la peinture religieuse de notre époque est fausse, c'est-à-dire n'est plus.

La grande peinture, soit qu'elle se développe sur une grande toile ou sur un mur, ne se traite pas comme un tableau ordinaire.

Chaque partie ne se copie pas servilement d'après nature ; d'abord, parce qu'il n'est pas facile de placer le modèle en travaillant à un plafond ou à une certaine hauteur, et ensuite, ce genre de peinture étant fait pour être vu de loin, on doit, avant tout, se préoccuper de l'effet ; car un personnage qui serait bien de près ne le serait plus vu à distance. Il faut exagérer certaines parties, en éteindre, en sacrifier d'autres ; mais tout cela doit être fait avec savoir et intelligence.

Pour commencer, on fait sur une petite toile, avec le plus d'exactitude possible, une esquisse peinte afin de se rendre compte de l'effet général de son tableau. On trace dessus des carrés égaux. On reporte le même nombre de carrés sur sa grande toile, en tendant et frappant dessus une ficelle frottée de crayon blanc. L'on copie ainsi son esquisse promptement et à coup sûr, puis on ébauche largement pour couvrir la toile et faire un dessous. — Ensuite, on dessine ou l'on peint, sur du papier, chaque figure et chaque draperie d'après nature ; et c'est d'après ces modèles (que l'on place devant soi à volonté) que l'on peint chaque personnage et chaque partie de sa composition. L'habitude de peindre, l'expérience, la connaissance que l'on doit avoir de sa palette, suffisent pour colorer et animer son tableau d'après ces échantillons de tons.

Si l'on n'est pas assez fort, l'on patauge, l'on fait des bras cassés, des jambes tordues et des fautes choquantes et criardes. Mais, si l'on est bon peintre, c'est alors que, dégagé de toute entrave matérielle, que ne regardant son modèle qu'en soi-même, dans le miroir, dans le foyer de son imagination, l'on peint avec ardeur, avec bonheur, avec sentiment, et que l'on trouve dans la fougue du travail et la chaleur de l'inspiration, des accents, des expressions et une harmonie d'effets qui produit quelquefois un chef-d'œuvre !

PEINTURE DE GENRE

La peinture *de genre* est beaucoup plus répandue aujourd'hui que la peinture d'histoire, car elle est à la portée et dans le goût de tout le monde. Elle se vend mieux ; et la plupart des artistes y emploient leur talent. Elle comprend tous les sujets qui ne sont pas historiques. Elle représente les scènes d'intérieur, de famille, certaines scènes caractérisées de la nature et de la vie commune, et toutes les compositions plaisantes, poétiques ou fantaisistes qui prennent naissance dans l'imagination des artistes.

Ces scènes ne se composent que de quelques personnages, quelquefois d'un seul ; et lorsqu'ils sont nombreux, ils sont représentés en petit ou réduits au tiers de nature. Les tableaux sont des tableaux de chevalet, — dont certains peintres rachètent le peu de grandeur, et quelquefois l'absence de pensée, par un fini et une légèreté de touche admirables.

La peinture *de genre* n'exigeant pas un travail de longue haleine, de grandes compositions, mais traitant des scènes qui se rencontrent chaque jour devant nos yeux, que l'on peut disposer, arranger et copier presque entièrement à l'atelier, l'on conçoit qu'elle demande moins de recherches, moins d'instruction chez l'artiste, et qu'elle a moins de valeur que la peinture d'histoire.

Comme ses personnages et leurs accessoires peuvent être peints d'après nature, comme ils sont destinés à être vus de près, son principal mérite consiste dans la vérité et l'adresse du travail, et dans la perfection des détails. Il faut exceller dans l'imitation exacte, il faut posséder une adresse et un savoir-faire remarquables pour que ce genre de peinture ait du charme; et cela n'est pas facile. Sans compter l'expression provoquante, intéressante ou amusante, que l'on doit répandre sur les grandes figures, et l'originalité et le mouvement avec lesquels on doit camper les petites.

Cependant, beaucoup de peintres réussissent à remplir ces conditions diverses. Et comme les tableaux de genre retracent le plus souvent des choses connues, des actualités, qu'ils sont de petite dimension, et qu'ils conviennent à nos mœurs, à nos bourses et à la grandeur de nos appartements, il vaut mieux attribuer à ces causes la raison de leur abondance actuelle qu'au manque d'ampleur dans le talent ou l'imagination des artistes.

LE PORTRAIT

Le peintre de *portraits* doit non seulement être expert dans l'art de peindre, mais surtout être bon dessinateur : car s'il faut qu'un portrait soit bien peint, il faut avant tout qu'il soit ressemblant, c'est-à-dire d'une parfaite imitation.

Il y a des portraitistes qui s'attachent au fini et à l'exactitude des détails, d'autres au contraire qui peignent largement ; et toutes les manières sont bonnes, pourvu que la ressemblance et le travail soient convenables. Cependant, le fini extraordinaire des Allemands *Denner* et *Holbein* est un tour de force qu'on ne peut guère imiter ; et les portraits vagues et à effet de l'Anglais *Reynolds* sont aussi une originalité qu'on ne doit pas adopter dans son travail. La peinture franche, soignée et savante de *Van Dyck* est, selon nous, la meilleure méthode à suivre ; et les beaux portraits de *Titien,* aussi larges et simples que la nature, offrent les meilleurs modèles à étudier.

Nous disons que *toute manière est bonne, pourvu que la ressemblance et le travail soient convenables ;* cela est vrai, mais cela comporte bien des conditions, comprend bien des considérations et des difficultés.

En effet, le portrait doit être non seulement la ressemblance, la répétition exacte des traits, mais la reproduction de l'expression de la physionomie du personnage : expression toujours passagère et qu'il faut saisir dans ce qu'elle a d'avantageux et de personnellement caractéristique. Il faut donc avoir le discernement de bien voir, de choisir et de retracer promptement des indications fugitives, certaines modifications de traits, certains accents presque toujours mobiles, car tout visage est bien ou mal par moments : le plus laid comme le plus beau a un bon côté, et le talent du portraitiste est de le distinguer et de le saisir. Si même le peintre est très fort, il trouvera moyen de rendre le tempérament et de rappeler, de faire comprendre le caractère de son modèle.

La pose, l'attitude du personnage est aussi une chose très importante. Elle doit être naturelle ; il ne faut pas qu'il ait l'air de poser devant le peintre ou devant le public ; il faut prendre garde que les bras ne soient raides ou prétentieusement placés, et les mains gauches et embarrassées, pour ne pas dire embarrassantes. Enfin chaque pose de corps, de tête, de mains et de bras, de même que la composition du vêtement ou du costume, doit varier et être disposée, traitée selon l'âge, le caractère, l'importance connue ou demandée de chaque personne.

Voilà quelques-unes des conditions que doit remplir le bon peintre de portraits, et voilà pourquoi la photographie, qui, étant un miroir exact, semblerait devoir infailliblement primer en ce genre, ne pourra jamais remplacer le *bon* portraitiste.

Dans le portrait peint, c'est le peintre qui pose bien ou mal son modèle, et il peut corriger son travail ou se perfectionner lui-même lorsqu'il s'aperçoit qu'il s'est trompé; mais, dans la photographie, c'est le modèle qui, sans le savoir ni le comprendre, se pose mal, et il y a moins de remède. Ce dernier arrive prétentieusement paré, bien empesé, pomponné plus que d'habitude, il se place de la façon qu'il croit être celle qui montre tous ses avantages, et il prend presque toujours ainsi une pose raide et qui n'est pas naturelle. Il sourit avec intention ou affectation, et, si le photographe l'en empêche ou attend que ce sourire affecté se calme, disparaisse, l'expression devient ennuyée, maussade ou contrariée : de telle sorte que si le sourire affecté produit sur l'épreuve une grimace, l'ennui et la raideur produisent la dureté ou la laideur. — Sans parler des demi-teintes qui font le charme dans la nature et la peinture, et que la photographie reproduit toujours trop noires, ce qui transforme les fraîches figures de jeunes femmes en figures de mulâtresses.

Ensuite, le photographe ne peut pas donner la couleur, ce qui est un grand désavantage ; et, s'il appelle la peinture à son aide, il n'est qu'un peintre très imparfait. De plus, l'objectif exagère les premiers plans d'une manière trop désavantageuse : de telle sorte qu'une personne assise est reproduite avec des genoux énormes, ses mains deviennent des pattes, son nez plus ou moins un piffre, et il faudrait qu'elle posât et tînt ses bras comme un kanguroo, ce qui ne serait non plus très gracieux...

Avec toute sa précision, la photographie n'est réellement précieuse, en fait d'art, que pour montrer aux peintres et aux sculpteurs leurs fautes de modelé (en reproduisant ces fautes plus apparentes); pour donner des épreuves parfaites des tableaux, qui présentent toujours une surface plane, et pour reproduire vite et exactement les sites et les monuments, — ce qui est certainement beaucoup. Elle ne peut faire du tort qu'aux paysagistes.

LE PAYSAGE

Le *paysage* diffère des autres genres de peinture tant par son aspect que par les procédés que l'on emploie. L'on sait que c'est la représentation de la nature terrestre, et que l'arbre en est la principale figure et forme l'étude particulière du paysagiste, comme l'étude du corps humain est celle des peintres d'histoire et de genre.

Pour faire un paysage au crayon, après avoir mis en place toutes ses parties, c'est-à-dire les accidents du terrain, les fabriques, etc., et indiqué la grande forme des arbres, on retrace les ombres-portées, les ombres et les demi-teintes par des couches plates au crayon ou par des frottis avec le doigt ; puis, l'on dessine la silhouette correcte des arbres avec des hachures, non pas régulières, mais très raccourcies, anguleuses et dentelées pour rappeler la forme des feuilles. Ensuite on ajoute les détails des fabriques, les branches des rameaux; et l'on met certaines touches adroites, certains noirs et certains accents qui donnent l'effet, la vigueur et le charme.

Pour les ciels et les nuages, on les obtient également par des frottis au crayon, faits avec le doigt, avec l'estompe, avec du coton ou un gant de peau, enfin avec tout ce qui peut donner une teinte douce; et si l'on n'a pas ménagé les lumières, on les enlève avec de la mie de pain qui les trace à la fois vigoureuses et vaporeuses.

L'on imite le feuillage du *chêne* et du *houx* par des hachures raccourcies, répétées et anguleuses qui rappellent le grésillement des feuilles de ces arbres.

On imite l'*orme*, le *noyer* par des hachures oblongues et pendantes de chaque côté des branches ou des brindilles.

Pour le *tilleul*, le *châtaignier*, le *marronnier*, qui présentent des bouquets de grosses feuilles à l'extrémité de leurs rameaux, on fait des hachures qui se réunissent en éventail.

Pour le *charme*, le *coudrier* et l'*abricotier* à feuilles rondes, on promène son crayon en festons arrondis.

Et pour le *peuplier* et le *saule,* des hachures parallèles et pointues doivent suivre la forme montante et presque verticale des branches ; tandis que pour le *saule pleureur,* elles doivent descendre en serpentant, et se masser en petites pointes sur les branches horizontales du *pin* et du *sapin.* Enfin, la forme et la disposition du tronc concourent beaucoup à faire connaître l'espèce de l'arbre.

Mais ce qui vaut mieux que tous ces détails (cependant indispensables pour les premiers plans), ce sont les grandes masses bien dessinées et l'effet des lumières et des ombres sur les feuillages.

Lorsque l'on dessine un paysage d'après nature, il est un moyen ingénieux et prompt de trouver exactement la place et la largeur relative des différentes parties du site que l'on a choisi. On se place bien en face, à une certaine distance, de manière à ce que *la vue embrasse l'ensemble sans qu'il soit besoin de tourner la tête,* — c'est la condition essentielle. On plie une feuille de fort papier pour s'en servir comme d'une règle, on lui donne juste la même longueur que celle que l'on veut donner à son dessin, et, en fermant un œil, on la tient (de la main gauche) *très horizontalement* entre celui qui reste ouvert et le site que l'on a à copier. On approche

ou on éloigne la main, de telle façon que les extrémités de cette règle cadrent avec les extrémités ou
les limites que l'on assigne à son modèle ; et si la
main tremble ou faiblit, on peut la soutenir sur une
canne.

Alors, lorsqu'on a bien trouvé et arrêté la position, en prenant garde que la règle ou le regard ne
varient, on marque lestement avec un crayon sur le
bord de la règle de papier chaque point saillant, la
place des arbres, leur distance entre eux, la largeur
des bâtiments et même celle des ombres si on le
juge à propos. Ensuite, on pose cette règle sur sa
feuille de papier, on y retrace par des points chaque
marque observée, et l'on obtient ainsi la place et
les distances justes et relatives de tous les accidents
et objets que présente son modèle.

Si l'on ne veut faire qu'un croquis, l'on dessine
exactement au trait chaque partie, et l'on se contente d'indiquer légèrement les ombres et les ombres-
portées ; mais, pour un dessin achevé, il faut procéder comme nous l'avons dit au commencement.

LE FUSAIN

Depuis plusieurs années déjà, un genre de dessin spécial, patronné par des artistes éminents : Allongi, de Paris ; Appian, de Lyon, et Lalanne, de Bordeaux, s'est ouvert une large voie dans les arts. Je veux parler du dessin au fusain. Ces maîtres ont réhabilité le crayon charbonneux pendant longtemps dédaigné, dont on ne se servait que pour faire des esquisses, jeter sur la toile ou le papier les premières lignes d'une composition.

Le fusain tire son nom de l'arbrisseau qui primitivement servait à le produire. Ce crayon, qui s'obtient en faisant brûler du bois dans des cônes de fer rougi, renferme une gamme de tons très riche; depuis le beau noir de velours, jusqu'au gris le plus pâle. On se sert, pour le produire, du saule, de l'aubépine, de l'osier et, en général, de tous les bois qui ont un grain bien compact.

Une fois connu, ce genre détrôna vite ses aînés : le dessin à la mine de plomb, au crayon noir, aux deux ou aux trois crayons, car la vogue et le charme qu'a ce dessin charbonneux ne sont dus qu'à l'image fidèle qu'il peut rendre de la nature, de la perspective aérienne, des valeurs des différentes couleurs entre elles. Avec le fusain, plus de feuillé adroitement crayonné, plus de hachures données dans tel ou tel sens pour rendre *conventionnellement* tel ou tel arbre ; c'est par le rapport d'un ton avec son voisin qu'on distingue un saule d'un orme ou d'un chêne, etc.

Maintenant, revenons au côté pratique de ce genre de dessin.

On se sert ordinairement d'un papier tendu comme une toile sur un châssis. Ce mode offre deux avantages : il permet de donner plus de moelleux au dessin et facilite la fixation. Le papier une fois tendu et bien sec, l'on étend une légère teinte grisâtre, en passant sur le papier un morceau de chiffon ou de flanelle sur lequel vous avez frotté un fusain très tendre. Il faut avoir soin d'obtenir une teinte bien uniforme.

Le dessin une fois écrit et bien mis en place, l'on enlève à la mie de pain la lumière la plus éclatante ; le ton le plus vigoureux se pose avec un fusain tendre d'un seul coup et sans y revenir. On se sert ensuite du grain du papier, du tortillon, du grattoir, pour rendre les terrains, les arbres, le ciel et l'eau aussi juste que possible, en traitant différemment ces éléments divers. Du reste, la pratique ou le hasard enseigne à l'artiste les quelques ficelles de ce genre.

Le fusain s'effaçant très facilement, on le fixe en répandant à l'envers du dessin du fixatif et en l'étendant avec un large pinceau. Quelques artistes fixent directement à l'aide d'un vaporisateur.

PAYSAGE EN PEINTURE

Les paysages peints offrent de tout autres difficultés que les paysages dessinés.

Pour leur exécution, non seulement il faut de l'adresse et de la légèreté de main, mais il faut une touche délicate et expérimentée. L'étude de l'arbre se complique de l'étude de la couleur et des nuances particulières et variées des divers feuillages. Il faut saisir le caractère général de la nature que l'on copie ; l'aspect, la couleur locale du pays que l'on veut imiter ou représenter ; faire comprendre, par la disposition de la lumière et par la teinte du paysage, l'heure de la journée : si c'est le matin, le midi ou le soir ; rendre parfois, d'une manière évidente, l'aspect des différentes saisons, l'effet de la pluie, du brouillard ou de la tempête : toutes choses qui émeuvent ou charment le spectateur, et font le mérite du tableau et le succès du peintre.

Et puis, si la perspective linéaire est utile dans la plupart des compositions dessinées, elle est indispensable dans les paysages; — surtout lorsqu'ils contiennent des fabriques, des monuments ou des personnages. Mais il est encore un genre de perspective que le paysagiste doit étudier et observer avec soin, c'est la *perspective aérienne*. Celle-ci est l'affaiblissement, la disparition successive des détails; la dégradation de la couleur par l'éloignement, c'est-à-dire par l'interposition des couches d'air entre les objets et l'œil du spectateur.

En effet, l'on conçoit que les détails et la couleur sont plus apparents au premier plan qu'au second, au second qu'au troisième, au troisième qu'au quatrième, et ainsi de suite jusqu'à ce qu'ils se fondent et se perdent dans l'épaisseur de l'atmosphère. Et l'observation de ces teintes assourdies, transformées et variées, est aussi utile que l'imitation en est difficile; car c'est ce qui fait la profondeur, la vie et le relief du tableau.

Lorsque le paysagiste est arrivé à ce degré de talent pratique, il adopte volontairement ou naturellement un genre particulier de paysage. C'est-à-dire que, tels que les poètes qui excellent les uns dans le tragique, l'héroïque, les autres dans l'idylle ou l'élégie; de même les paysagistes réussissent mieux, les uns à représenter des natures tempêtueuses, agitées, sauvages; — d'autres, des palais et des monuments, — ou bien des ciels splendides, des paysages riants et animés, — ou des forêts sombres, tristes et solitaires, des lacs tranquilles et mélancoliques.

HISTOIRE DE LA PEINTURE
ET APERÇU DES DIFFÉRENTES ÉCOLES

Bien qu'on puisse être peintre, bon peintre, excellent peintre même, en imitant simplement la nature et en retraçant ses impressions, — sans se préoccuper des procédés que les autres emploient ou ont employés, — cette appréciation n'est pas sans intérêt et sans profit. Il peut même être intéressant et utile pour les artistes de savoir comment leurs devanciers célèbres ont vécu ou souffert ou prospéré, et quel a été le caractère de leur talent.

Ensuite, lorsqu'on s'occupe d'un art, soit comme artiste, soit comme amateur, il est bon de connaître tout ce qui s'y rapporte, afin de pouvoir en parler

judicieusement et afin qu'on ne soit pas mis *a quia*
par un simple brocanteur de tableaux.

En effet, l'on voit souvent des tableaux qui ont
une grande valeur et qui ne semblent pas du tout
jolis, qui paraissent même désagréables si l'on ne
comprend pas leurs qualités artistiques, *techniques*,
— s'il m'est permis de m'exprimer ainsi. Il en est
comme des profanes qui ne trouvent aucune beauté
dans les phénomènes de la nature. Une tempête ou
un orage ne leur paraît qu'affreux et désagréable,
ils ne voient dans le vent qu'une agitation bruyante
et ennuyeuse, dans la pluie qu'une humidité toujours
fâcheuse lorsqu'elle n'est pas utile, dans le soleil
qu'une chaleur plus ou moins forte, et seulement du
froid dans la neige.

Si donc, vous êtes d'avis de vous instruire ou de
vous édifier, nous rétrograderons dans l'antiquité,
afin de suivre rapidement la marche de la peinture
depuis son origine jusqu'à nos jours.

Les peintres les plus célèbres de l'ancienne Grèce
furent : *Protogène, Apelle, Timanthe, Parrhasius* et
Zeuxis.

Leurs peintures n'existent plus, mais la tradition
nous a conservé leur biographie et le souvenir de
leurs ouvrages et de leur mérite.

Ainsi l'on raconte que *Protogène* [1], le Rhodien, d'abord réduit par l'indigence à peindre des vaisseaux, fut apprécié et mis en réputation par *Aristote* et par *Apelle* [2]; au point que, lorsque *Démétrius* assiégea Rhodes, il ne voulut pas incendier le quartier où il apprit que *Protogène* avait son atelier, bien que ce fût le seul moyen de s'emparer de la place. *Protogène*, dit-on, peignait avec beaucoup de vérité, mais travaillait trop ses tableaux; il mit sept années pour terminer celui qui est cité comme son meilleur. C'était l'*Ialyse*, un chasseur fameux qui passait pour être le fondateur de Rhodes. Il y avait dans la composition, à côté de ce chasseur, un chien tout haletant et la gueule pleine d'une écume que *Protogène* ne pouvait arriver à bien représenter; c'est alors qu'impatienté, il lança contre le chien son éponge, et le hasard fit ce que l'art n'avait pu réussir : le contact fortuit de l'éponge produisit une écume mousseuse, tombante et très naturelle.

Timanthe vivait sous le règne de *Philippe*, père d'*Alexandre le Grand*. Il paraît que ce peintre avait une imagination riche et judicieusement artistique, car, représentant un cyclope endormi, pour faire

----

1. Protogène, du temps d'Alexandre le Grand (ive siècle av. J.-C.).
2. Apelle, du temps d'Alexandre le Grand (ive siècle av. J.-C.).

juger de la grandeur du géant, il avait placé près de lui des satyres qui s'amusaient à mesurer son orteil avec leurs thyrses. Ensuite, dans la composition de son fameux tableau du sacrifice d'Iphigénie, après avoir rendu tous les degrés de la douleur, toutes les nuances de l'affliction, distribuées sur l'indifférent prêtre *Calchas,* sur *Ulysse,* plus politique que cruel, sur *Ménélas,* oncle de la princesse, et sur *Ajax* et d'autres personnages fortement émus de ce triste spectacle, il imagina, pour peindre la douleur plus forte du père de la victime, *Agamemnon,* de le représenter se voilant la face pour ne pas voir immoler sa fille.

Parrhasius vivait vers l'an 420 avant Jésus-Christ. Il passait pour être surtout bon dessinateur. Ses figures étaient correctes, bien proportionnées et pleines d'expression. Il était rival de *Zeuxis* et appela ce peintre en défi. A cette occasion, *Zeuxis* fit un tableau représentant un jeune garçon portant un panier rempli de raisins, et les grappes étaient peintes d'une manière si naturelle que des oiseaux vinrent pour les becqueter. *Parrhasius,* lui, exécuta un ouvrage représentant simplement une draperie; et *Zeuxis,* impatient, se laissa trómper par cette imitation parfaite, au point qu'il s'écria : « *Mais tirez*

donc ce rideau!... » Après cela, *Zeuxis* s'avoua
vaincu. Et, comme *Parrhasius* l'avait déjà emporté
sur *Timanthe*, ces succès le gonflèrent tellement
d'orgueil, qu'il allait vêtu de pourpre, avec des bro-
dequins brodés d'or et une couronne sur la tête, se
regardant comme le roi de la peinture.

Zeuxis[1] fut disciple d'*Apollodore,* mais son talent
surpassa celui de son maître. Il excella dans le coloris et dans l'intelligence du clair-obscur. L'on dit que
ses tableaux étaient très agréables à l'œil, bien
peints, et qu'ils furent recherchés avec empressement,
ce qui lui procura une grande opulence. Quelques-
uns se seraient vendus jusqu'à cent talents (près de
cent mille écus). Les anciens ont beaucoup vanté le
tableau d'une *Hélène* que ce peintre fit pour les
Agrigentins. Ces derniers lui avaient envoyé les plus
belles filles d'Agrigente pour lui servir de modèles ;
Zeuxis en retint cinq, et c'est en réunissant les grâces
et les charmes particuliers de chacune d'elles qu'il
composa un ensemble formant la plus belle personne
du monde. Et son pinceau rendit d'une manière
parfaite cette admirable combinaison.

Apelle fut le peintre favori d'*Alexandre le Grand,*

—————

1. Zeuxis, 468-400 av. J.-C.

qui le combla de récompenses et de marques d'ami-
tié. Les anciens le regardaient comme le meilleur de
tous leurs peintres : sa touche était d'une délicatesse
remarquable, et il s'attacha plus que les autres à
rendre les sentiments et le caractère de ses personnages. Il était modeste, instruit, et avait des manières
douces, une conversation agréable et spirituelle.
C'est lui qui répondit à un artiste qui lui montrait
une Vénus qu'il avait revêtue d'habillements superbes : « *N'ayant pu la faire belle, tu l'as faite
riche*[1]... » Il fit de beaux portraits, parmi lesquels
on a cité celui d'*Antigone*, qu'il représenta de profil
parce qu'il était borgne, et celui d'*Alexandre le
Grand* qui, — à ce que rapporte Plutarque, —faisait
dire aux Grecs « *que l'Alexandre de Philippe était
invincible, et celui d'Apelle inimitable* ».

Apelle, comme tous les peintres anciens, n'em-
ployait que quelques couleurs, mais il inventa un
vernis qui les faisait valoir et les rendait inalté-
rables.

Bien que l'on nous vante beaucoup les ouvrages,

---

1. Et un cordonnier ayant critiqué la chaussure d'une de ses
figures, Apelle s'empressa de corriger le défaut; mais ce même
cordonnier, enhardi, voulant encore critiquer la jambe, le peintre
l'arrêta par cette repartie qui est devenue un proverbe : « *Ne
sutor, ultra crepidam! Cordonnier, arrête-toi à la chaussure!* »

— aujourd'hui détruits, — des peintres de l'antiquité, il est permis de douter que la Grèce ait eu des peintres aussi parfaits que ses sculpteurs. Disposant de moins de connaissances que nous, ayant moins de ressources artistiques et chimiques, leur talent devait être relatif; et il est très probable que leurs peintures, sous bien des rapports, n'auraient pu soutenir la comparaison avec les peintures modernes.

Néanmoins, ils avaient des procédés excellents comme solidité, qui nous ont été longtemps inconnus et qui le sont encore en partie[1]. Ils employaient sur les murs trois sortes de peintures : la *fresque,* la peinture *à la cire* et la *détrempe vernie.*

Ils traitaient la *fresque* de la même manière que nous, seulement ils y apportaient beaucoup plus de soins et de précautions. Mais, d'abord, je ferai bien de vous donner une idée de ce genre de peinture.

---

1. Ils décoraient de peintures des portiques exposés aux injures de l'air; comme l'a fait le Grec *Polygnote,* qui représenta les principales actions de la guerre de Troie sous une galerie du *Propylée.*

PEINTURE A FRESQUE

La *fresque* est une peinture murale, faite sur un enduit de mortier tandis qu'il est encore humide; de telle sorte que les couleurs, qui sont détrempées à l'eau, le colorent, le pénètrent, se sèchent et font corps avec lui. L'on comprend que la solidité et la bonne préparation de l'enduit sont de la plus grande importance. Les anciens y réussissaient si bien, qu'ils enlevaient quelquefois tout l'enduit d'un mur sans le briser et sans avarier leur peinture, qu'ils pouvaient ainsi transporter ailleurs.

Le mur qui doit recevoir l'enduit ne doit pas être uni; au contraire, il faut que les pierres soient rayées ou piquées afin que le mortier y adhère plus solidement. Ce mortier se compose de sable égal et de bonne chaux, éteinte depuis longtemps pour empêcher les gerçures. La première et la seconde couche sont laissées rugueuses, afin de mieux retenir la dernière qui doit être parfaitement lisse. Celle-ci ne s'applique qu'au moment où le peintre est prêt à travailler, parce que, dès que le mortier n'est plus humide, les couleurs que l'on a appliquées changent de teinte, et les couches mises à sec ne sont pas solides.

Aussi, ce genre de peinture se fait par fragments ; et le peintre ne doit entreprendre que ce qu'il peut finir dans la journée, parce que, s'il revenait sur son travail le lendemain, alors que l'enduit a durci, il ferait des taches. De même pour les fonds d'une certaine étendue, comme un fond de ciel par exemple, il faut préparer abondamment les teintes nécessaires, de manière à pouvoir le terminer en une seule fois, car autrement l'on ne pourrait raccorder les reprises.

Toutes les teintes sont préparées et contenues dans de petits pots ; et l'on a, en plus, une palette de fer-blanc à rebords, avec un godet plein d'eau, pour faire certains mélanges et certains détails.

On se sert de pinceaux longs et assez fermes. Mais, si l'on met plusieurs couches l'une sur l'autre, il faut le faire avec des pinceaux très doux et avec beaucoup de précaution, afin de ne pas délayer le mortier avec les couleurs, ce qui ternirait tout. En résumé, pour la *fresque,* il faut peindre hardiment et très promptement si l'on veut obtenir un bon résultat ; placer franchement à leur place les ombres, les demi-teintes et les lumières, qu'on peut fondre ensemble avec le doigt ; et souvent, pour donner plus de relief, d'effet ou de vigueur, on borde le contour des objets et des personnages d'un trait foncé au pinceau, et l'on modèle avec des hachures, — comme a fait Raphaël. Et, si l'on n'a pu finir sa tâche avant que le mortier ait durci, ou bien si l'on s'est trompé, le meilleur remède est de détruire toute la partie manquée et d'y faire appliquer un nouvel enduit.

En plus, les couleurs permises pour la *fresque* sont peu nombreuses, car on ne peut employer que celles que n'altère pas la chaux ou l'action de la lumière ; c'est-à-dire que l'on est privé des couleurs les plus brillantes.

Ainsi, le peintre étant forcé d'opérer avec des ressources limitées, de travailler précipitamment, toujours pressé par le mortier qui se durcit ; de faire son tableau par fragments, sans pouvoir profiter des parties faites pour juger son effet et son harmonie, — puisque les premières teintes sèches ou mi-sèches n'ont plus la même valeur que les nouvelles ; — l'on voit que ce genre de peinture n'a pour lui que son aspect mat qui permet au spectateur de le regarder de tous les côtés, son illustre ancienneté qui le rend plus respectable qu'agréable, et sa solidité qui dépend en grande partie de la réussite de l'enduit.

PEINTURE EN DÉTREMPE

Pour la peinture en détrempe l'on emploie des couleurs broyées à l'eau et délayées, détrempées sur la palette avec de la colle liquide. Cette colle est pour donner de la consistance aux couleurs, les fixer ensemble et les maintenir sur le tableau.

Lorsqu'on veut peindre sur un mur, sur un panneau de bois ou sur une toile préparée (c'est-à-dire ayant reçu une ou deux couches égales de blanc à la colle), il faut avoir constamment sur un réchaud de la colle liquide de gants ou de parchemin, pour détremper les couleurs à mesure qu'on les emploie. Cette colle doit être chaude, mais non bouillante, parce qu'elle ferait bouillonner l'ouvrage, ferait éclater le panneau, ou ternirait l'éclat et la vivacité des teintes. La dernière couche que l'on étend avant d'appliquer le vernis est la seule qui doive être mise à froid. Et il faut que la couleur détrempée file au bout de la brosse lorsqu'on la retire du pot, car si elle reste épaisse et attachée, c'est la preuve qu'il n'y a pas assez de colle.

Lorsque cette peinture — qui est une espèce de *gouache* ou de *lavis* — est terminée et sèche, l'on fait une colle très faible, très pure et très claire, et, après l'avoir battue à froid et passée au tamis, on en donne deux couches sur l'ouvrage avec une brosse très douce, — une neuve pourrait le rayer et le gâter. Il faut l'étendre bien légèrement et bien également, afin de ne pas détremper les couleurs en frottant et de ne pas faire des ondes. Puis, ces deux encollages étant secs, on donne deux ou trois couches de vernis à l'esprit-de-vin et tout le travail est fini.

La détrempe est certainement la plus ancienne manière de peindre, car il est naturel de croire que les premiers qui ont trouvé les matières qui donnent les couleurs les ont d'abord délayées avec de l'eau, et qu'ensuite, pour donner de la consistance à cette eau colorée, ils l'ont détrempée avec de la colle. Cette peinture, bien faite, offre des avantages : elle a beaucoup de fraîcheur et d'éclat parce qu'il n'y entre aucun liquide, aucune huile ou essence qui l'altère; son vernis est tellement absorbé qu'il ne miroite pas; et elle peut s'appliquer sur le plâtre, sur le bois, sur la toile, sur le papier et généralement sur tout. Mais elle ne peut guère résister à l'humidité ni être exposée aux injures de l'air, et, par conséquent, elle ne peut s'employer extérieurement ni durer bien longtemps.

PEINTURE A LA CIRE

Pour la peinture à la cire — que les anciens ont imaginée et employée, et dont nos chimistes ont plus ou moins bien retrouvé les éléments et les procédés — on ne se sert d'aucune huile de lin ou autre. Les couleurs sont triturées avec de la cire et de la résine, et on les ramollit sur la palette à l'aide d'un gluten composé aussi d'essence de cire. Pour les fondre, les sécher et les mieux faire adhérer, on chauffe à volonté le travail avec un réchaud à main, appelé *cauterium;* et, au lieu de passer un vernis sur le tout, on met une dernière couche de cire qui, étant frottée, donne tout le brillant et la transparence désirables.

L'on comprend de suite les avantages de cette peinture.

Elle est affranchie du danger de l'huile qui altère la plupart des teintes. La cire peut impunément se mêler avec toutes les couleurs, tandis que la peinture à l'huile doit rejeter — sous peine de noircir — le vert-de-gris qui produit de très beaux verts, le carmin de cochenille, la terre d'ombre, la gomme-gutte, l'indigo, les laques ordinaires et généralement toutes les couleurs végétales. A l'aide du *cauterium*, pouvant faire sécher le travail à volonté, on peut revenir souvent sur son ébauche et sans inconvénient. Ensuite la cire et la résine qui entrent dans la préparation des couleurs les mettent à l'abri de l'humidité ; en même temps que les cirages et frottages que l'on fait sur le travail le rendent très solide et inaltérable.

Pour l'exécution de la peinture à la cire (que l'on appelle aussi peinture *à l'encaustique*), on opère de même que pour peindre à l'huile. On se sert des mêmes brosses, on esquisse, on ébauche, on place et l'on fond les tons de la même manière. Le gluten ou essence de cire, dont on se sert pour délayer les couleurs, est liquéfié de temps en temps en le mêlant avec de l'essence de pétrole ou de citron, et, suivant que l'on désire que les teintes sèchent plus ou moins vite, on y introduit des essences plus ou moins volatiles. Seulement si l'on emploie des essences très volatiles, il faut peindre vite et légèrement, parce qu'elles pourraient pénétrer et dissoudre les couches de dessous.

Pour obvier à cet inconvénient et pour donner, du reste, la solidité voulue à ce genre de peinture, il faut faire souvent des lustrages et cirages, sur lesquels on peut peindre et repeindre autant qu'on le veut. On procède de cette manière : on étend sur le travail, avec un large blaireau, de la cire liquéfiée à l'eau ; lorsqu'elle est sèche, on en approche le réchaud à main, qui, par une chaleur douce, la fait entrer en fusion, la fait adhérer aux couches premières, et alors on lustre. Pour cela, on égalise la surface avec un rasoir, et l'on frotte légèrement avec le pouce jusqu'à ce qu'on ait reproduit la transparence. Puis, lorsque la peinture est achevée, on applique sur tout le tableau de nouvelles couches de cire, qu'on frotte et qu'on lisse avec le pouce et avec des tampons de linge doux ; et ces cirages et lustrages remplacent avantageusement le vernis pour donner la transparence et la solidité.

Voilà les précieux procédés des peintres de l'antiquité, qui nous ont été longtemps inconnus. Mais, s'ils nous devenaient familiers, il ne faut pas croire que la peinture à la cire détrônerait la peinture à l'huile ; non, la première offre un aspect mat, froid, cru, sans moelleux, et son exécution demande certaines précautions mécaniques, chimiques, essentiellement manuelles, qui interrompent et contrarient l'inspiration ou l'ardeur souvent passagères du génie.

Si les tableaux à l'huile ont moins d'avantage matériel, ils ont un tout autre charme artistique.

Toutefois la peinture à la cire, imperméable à
l'humidité, est plus solide et plus durable que toute
autre. Et, si les peintres du xvie siècle l'eussent connue et employée au lieu de la fresque, les belles
peintures murales de Michel-Ange et de Raphaël,
faites au Vatican, ne seraient pas endommagées et
menacées, comme elles le sont, d'une ruine prochaine.

A présent, pour nous retracer la marche de la
peinture, nous sommes forcés de nous rappeler un
peu l'histoire ancienne, celle du Bas-Empire, et les
transformations successives du moyen âge et de la
Renaissance.

Après le règne d'*Alexandre le Grand*, l'élève
d'*Aristote*, l'ami éclairé et puissant des sciences et
des arts, la peinture fut négligée en Grèce ; puis elle
disparut au milieu des dissensions et des ravages dont
la Macédoine devint le théâtre sous les successeurs
du conquérant. L'on sait que 148 ans avant Jésus-

Christ, la Macédoine fut réduite en province romaine, et que plus tard toute la Grèce fut soumise aux Romains.

Au commencement du 1er siècle, sous le règne d'*Auguste* qui s'entoura d'artistes, de poètes et de savants, la peinture ne brilla que d'un faible éclat entièrement oublié ou ignoré aujourd'hui : car, si l'histoire a conservé les noms de Virgile, d'Horace, d'Ovide, de Properce et d'autres écrivains, elle ne parle d'aucun peintre célèbre.

Pendant la longue période des empereurs romains, des martyrs et des tyrans, la peinture se cacha dans les catacombes où, dans l'obscurité ou bien sous une lumière factice, elle ne put retracer que par des lignes sèches et sous forme d'emblèmes les principaux dogmes religieux. Elle représenta sur les parois des souterrains des couronnes entourant des croix, des colombes, des agneaux et d'autres figures symboliques plus ou moins frappantes. Mais elle ne réapparut que sous *Constantin le Grand*, lorsque cet empereur, ami des chrétiens, transféra le siège de son empire à Byzance, l'an 329 après Jésus-Christ.

Alors, affranchis des persécutions, pouvant manifester leur foi au grand jour, les chrétiens firent représenter sur les murs des nouvelles églises les

images de leurs tourments et de leurs martyrs. C'est
pourquoi la peinture renaissante adopta uniquement
des sujets religieux. Bien plus, les sujets étaient
fournis, les compositions dirigées par les Pères de

ART CHRÉTIEN

l'Église ; les peintres, qui étaient le plus ordinairement
des moines, les exécutaient pieusement et servilement ; et de là est née cette École byzantine, toute
de convention et forcément stationnaire.

ÉCOLE BYZANTINE

Tous les types, tous les costumes et les attributs
des saints, toutes les données hiératiques de cette
école étaient expressément décrits dans un livre,
intitulé *Guide de la peinture*, lequel livre les moines

du mont Athos ont conservé jusqu'à nos jours. En voici un résumé fait par un savant : « *Une distribution symétrique, géométrique, des personnages, avec absence complète de mouvement dans les poses; les figures roides, droites et démesurément longues, affectant le style oriental, avec une exécution minutieuse des cheveux et de la barbe ; les yeux très fendus et ronds ; les pieds toujours vus de face; les plis des vêtements aigus, nombreux et parallèles, bordés de galons, de perles ou de pierres précieuses; et tous ces personnages se détachant sur un fond d'or uni, gaufré ou historié.* » En somme, l'École de peinture byzantine était peut-être pieusement expressive quant à la physionomie de ses personnages calmes et mystiques, mais pour tout le reste, elle est fausse, raide, monotone et sans aucun charme.

Au IXe siècle, quand arriva le règne des *iconoclastes*, secte d'hérétiques qui détruisit et proscrivit les peintures, les sculptures et toutes les images des saints, les artistes byzantins quittèrent Constantinople et se réfugièrent en Italie. Là, ils furent bien accueillis et successivement protégés par les papes.

Le contact de ces peintres de l'Orient eut une grande influence en Italie. Bien reçus, protégés, ils se livrèrent avec sécurité, avec ardeur à la pratique de leur art, et ils eurent des admirateurs et surtout de nombreux imitateurs. En effet, les peintres italiens se multiplièrent et se formèrent à leur exemple. Jusque-là, ils avaient simplement fait partie des corporations de métiers ; mais, après avoir grandi en nombre et en talent, ils se réunirent dans chaque ville avec les sculpteurs et les architectes, et formèrent une académie placée sous la protection de saint Luc, patron de la peinture.

L'art se développa ainsi de plus en plus en s'exerçant uniquement à des sujets sacrés, toujours d'après l'exemple et les règles de l'École byzantine ; et cela dura jusqu'au milieu du xiiie siècle, époque à laquelle se dessina l'École florentine.

Ici, avant de vous parler de la naissance et des qualités des diverses écoles italiennes, je vais d'abord vous faire connaître leur nom.

Certains appréciateurs distinguent en Italie quatorze écoles différentes ; mais il est plus simple et plus rationnel, d'après les analogies de style, de les réduire à huit, qui sont :

> L'École florentine ;
> L'École vénitienne ;
> L'École romaine ;

L'École lombarde ;
L'École ferraraise ;
L'École bolonaise ;
L'École napolitaine ;
L'École génoise.

ÉCOLE FLORENTINE

Au commencement du XIIIe siècle, le peintre *Cimabué*, à Florence, s'affranchit des règles monotones et de convention des Byzantins. Il consulta la nature, s'inspira des statues antiques qui s'étaient conservées en Italie, donna plus de souplesse aux draperies, plus de vérité à ses figures, et, bien que ces dernières indiquent encore l'enfance de l'art, elles ont une naïveté d'expression qui en fait le charme. Les tableaux sont peints sur du bois de cèdre très épais, et leurs fonds sont dorés et quelquefois gaufrés. Le cadre fait souvent partie du tableau et représente, en peinture, des médaillons, de petites figures ou des ornements religieux. Ainsi commença à *Cimabué* l'École florentine.

Après lui vint *Giotto*[1], son élève, petit berger que

1. Giotto, 1276-1336.

GIOTTO.

Apparition de la Vierge à saint Bernard.

[illegible]

Cimabué rencontra dans la campagne dessinant ses brebis sur une pierre, et qu'il éleva et instruisit. Giotto surpassa son maître. Il se rapprocha davantage

GIOTTO.

de la nature sans perdre la naïveté religieuse; son dessin fut plus correct, ses personnages mieux groupés, et au lieu de les détacher exclusivement sur un fond d'or, il fit, le premier, des fonds représentant des ciels, des paysages ou des rochers.

Enfin cette impulsion étant donnée, de nombreux

artistes se perfectionnèrent, et au commencement du
xv⁰ siècle, *Masaccio*, par ses fresques et son talent,
accentuant leur supériorité, l'École florentine devint

FRA ANGELICO.

célèbre. — Elle inaugura ce que l'on a appelé *l'époque
de la Renaissance*.

Dès lors, cette école fut glorieusement soutenue
par *Ghirlandajo*[1], par le savant et universel *Léonard
de Vinci*, par Giovanni da Fiesole, surnommé *Fra
Angelico*[2], par le religieux *Fra Bartolomeo*, par

1. Ghirlandajo, 1451-1495.
2. Giovanni da Fiesole, surnommé Fra Angelico, 1387-1455.

Francesco Rossi et par *Andrea del Sarte*[1] (Vannuc-
chi). Et je cite les noms de ces illustres peintres flo-
rentins afin qu'on puisse les distinguer, les étudier
dans les musées, et s'édi-
fier sur le style, sur l'exécution, et l'aspect général
et particulier de leur école ;
— laquelle se reconnaît à
une grande distinction, à
une grande élégance de
dessin. En plus, on verra
ou l'on saura que beau-

F. BARTOLOMEO.

coup de tableaux de *Léonard de Vinci* ont noirci,
parce qu'il a malheureusement employé, sans dé-
fiance, le noir d'imprimeur et le vert-de-gris qui
s'altèrent étant mélangés avec l'huile.

ÉCOLE VÉNITIENNE

Dès le commencement du xv⁰ siècle, l'invention de
la peinture à l'huile par *Van Eyck*[2] fit une révolution dans la pratique de l'art. (On a contesté cet

1. Andrea del Sarte, 1478-1530.
2. Van Eyck, 1386-1440.

honneur à ce peintre flamand, mais peu nous importe.)

Le Vénitien *Giovanni Bellini* fut chef de l'École vénitienne. Il adopta et répandit l'usage de la peinture à l'huile, et fut le maître de *Giorgione* et du *Titien. Giorgione*[1], par la justesse du ton local et par l'entente des oppositions, poussa l'art de la couleur aux dernières limites de la perfection. *Titien*[2] (Vecellio) l'imita comme coloriste et le surpassa comme dessinateur; car l'on sait que les portraits du *Titien* sont dessinés et peints avec une finesse, une noblesse et un naturel qui les rendent aussi vivants qu'inimitables. Le premier, il voulut s'affranchir de la sécheresse que produisent les panneaux de bois : il peignit sur du gros coutil recouvert d'une couche blanc-rouge, et fut imité par tous les artistes.

L'École vénitienne est donc particulièrement composée de coloristes. Elle se distingue entre toutes les autres par une couleur brillante, variée, opulente; ses productions sont peintes largement, à pleine pâte, quelquefois sans grande correction de dessin. Mais ce n'est pas du décor perfectionné, car l'entente de l'effet en pleine lumière est si merveilleuse et sa-

1. Giorgione, 1477-1511.
2. Titien, 1477-1576.

vante, l'ardeur de l'artiste a été si grande, l'exécution
si forte, que le travail semble facile et charme autant
par sa simplicité que par son aspect éblouissant. L'on
remarque ces qualités dans les immenses et nombreuses toiles de *Paul Véronèse*[1], et dans les compositions prodigieuses du *Tintoret*[2] et de tous les
peintres vénitiens de talent.

ÉCOLE ROMAINE

Le *Pérugin*[3], après avoir étudié à Florence, où il se
posa comme le rival du
Buonarroti[4], fut appelé à
Rome par le pape *Sixte IV*,
en 1480, et y fonda l'École
romaine. Il peignit sur
bois en détrempe, à l'huile
et à fresque, et choisit des
sujets uniquement reli-
gieux. Ses compositions
sont empreintes d'une
grande naïveté, d'une piété contemplative remar-

PERUGIN.

1. Paul Véronèse, 1528-1588.
2. Tintoret, 1512-1594.
3. P. Vannucci, dit *le Pérugin*, 1446-1524.
4. Michel-Ange Buonarroti, 1474-1564.

Carissimo quanto patre Jo ho recevta una nostra letera
e la quale ho inteso la morte del nostro Jll.mo. S.
duca alaquale dio abi misiricordia alamia
e certo nõ podele senza lacrime legere lanostra letea
ma transiat aquello nõ h e riparo bisogna
auere paçientia eacordarsi con lauolonta dedio.

. . . .

Almio Car.mo Zio Simone de
Batisto di Ciarla da Vr—
bino

E lnostro raphaello dipintore
ĩ fioreza

Jn Urbino

de aprile. M. D. VIII

quable, mais aussi d'une grande monotonie dans les

RAPHAEL.

poses et dans les figures. Son mérite le plus incontestable est d'avoir été le maître de *Raphaël*.

Tout le monde sait que *Raphaël* (Sanzio) [1], fils d'un peintre, né avec les plus heureuses dispositions artistiques, était déjà célèbre à dix-neuf ans et mourut à trente-sept. C'est donc dans l'espace de dix-huit années qu'il fit les immenses travaux qui illustrent la peinture et l'École romaine. Il peignit *à fresque* ses grandes compositions du Vatican : *la Dispute du Saint-Sacrement, l'École d'Athènes, le Parnasse, la Jurisprudence, l'Incendie du bourg;* plus les cinquante-deux sujets tirés de la Bible, pour les voûtes des galeries nommées *les Loges;* et il peignit à *l'huile* les nombreux tableaux qui sont répandus dans les principaux Musées de l'Europe.

On distingue trois manières dans son travail. La première est guindée et naïve, à l'imitation de son maître, le *Pérugin.* La seconde, inspirée, influencée par ses liaisons à Florence avec le peintre *Fra Bartolomeo,* offre plus de naturel, plus de goût dans l'arrangement des draperies et des personnages, en même temps qu'un coloris plus animé. Et, dans sa troisième manière, se placent ses admirables compositions, correctes de dessin, sages de coloris, où

1. Raphaël Sanzio, 1483-1520.

RAPHAEL.

La Vierge du Grand-Duc (palais Pitti, Florence).

5.

l'on voit ces vierges vivantes et divines pleines de pureté et de poésie.

L'École romaine est surtout représentée par Raphaël, car ses nombreux disciples furent ses imitateurs ou ses aides-exécuteurs ; et, s'il fut au-dessus d'eux par le génie de ses compositions, ils l'égalèrent souvent dans l'exécution. Les plus célèbres furent *Jules Romain, Caldara, Sabattini, Giovanni da Udine,* puis *Romanelli, Panini,* le *Joseppin,* etc., etc.

Les peintres romains ont eu pour principe de ne peindre que dans un trait bien arrêté ; aussi presque tous les tableaux de cette école ont un dessin correct, des draperies bien galbées et bien modelées, une couleur sans éclat exagéré mais vraie et harmonieuse, et des figures régulières, nobles et vivantes sans trivialité.

ÉCOLE LOMBARDE

L'École lombarde, qui s'inspira plus ou moins de la manière des trois premières écoles, comprend les peintres de Parme, de Mantoue et de Milan. Elle eut pour chef le gracieux *Corrège*[1], qui se forma seul en

1. Le Corrège, 1494-1534. *Anch'io son pittore* (Et moi aussi je suis peintre)! s'écria Le Corrège devant un tableau de Raphaël.

étudiant la nature et les tableaux de Raphaël, de Léonard de Vinci, de Giorgion et de Titien.

En effet, ses œuvres offrent une grâce, une suavité, des difficultés de dessin vaincues, et une bonne entente de la couleur qui semblent rappeler et réunir les qualités de ces maîtres.

Généralement, l'École lombarde est remarquable par la vérité de son coloris, qui a peu changé ; son dessin n'est pas toujours d'une parfaite exactitude ; et une affectation de grâce et de finesse, qui est non seulement dans l'expression des figures mais qui se répand jusque dans l'exécution des draperies et même des paysages, domine dans ses ouvrages. Ceux-ci sont peints tantôt sur des panneaux de bois, tantôt sur des toiles extrêmement fines.

On pourra aisément faire ces remarques et se familiariser avec cette école, en examinant les tableaux du *Corrège*, du *Parmesan*[1], de *Borgognone*, de *Solari* et de *Palmezzani*.

Il faut en excepter ou plutôt en distinguer ceux du *Caravaggio* (Amerighi)[2], qui fit sentir dans son travail l'indépendance de son caractère original, sauvage et querelleur. Les personnages de ses tableaux, repré-

1. Parmesan, 1503-1540.
2. Caravaggio (Amerighi), 1569-1609.

RAPHAEL. — L'INCENDIE DU BOURG.

sentant des scènes de bohémiens ou de corps de garde, des musiciens, des portraits, des natures mortes et toute sorte de sujets, offrent peu de grâce et de distinction dans le choix des formes; mais sa couleur est vigoureuse — bien qu'il s'y trouve souvent des teintes trop noires et sans transparence, — et ses oppositions très accentuées produisent un relief extraordinaire. C'est un schismatique qui a eu quelques prosélytes.

ÉCOLE FERRARAISE

L'École ferraraise n'a pas eu de très nombreux disciples. Elle s'est formée dès le commencement de l'École florentine, cependant ses premiers ouvrages sont moins monotones, son dessin moins raide, son coloris plus animé et plus vigoureux que les productions de *Cimabué*[1]. Ses tableaux sont peints sur des panneaux ou sur des toiles apprêtés en gris foncé, ce qui leur a souvent donné une teinte violette, — comme ceux du *Garofalo*[2].

1. Cimabué, 1240-1300.
2. Garofalo, 1481-1559.

ÉCOLE BOLONAISE

En 1589, *Louis Carrache*[1], peintre bolonais de talent, mais dont l'exécution était lente et difficile, fonda, avec ses cousins et ses élèves Annibal[2] et Agostino[3] Carrache, une école où, au lieu de suivre la manière libre et expéditive alors en vogue en Lombardie, on s'attacha à peindre religieusement d'après le modèle et la nature, et surtout à terminer son travail avec le plus grand soin.

Outre les trois *Carrache*, dont *Annibal* fut le plus habile, cette école forma des peintres distingués et en grand nombre, tels que le *Dominiquin*[4], le *Guide*[5], le *Guerchin*, l'*Albane*[6] et beaucoup d'autres moins célèbres. Elle se distingua par la finesse de l'exécution, la correction et la recherche du dessin, et par un coloris clair, transparent, argentin qui paraît souvent froid et monotone. Du reste, lorsque les peintres bolonais ne peignirent pas à fresque, comme le *Dominiquin*, ils ont peint la plupart du temps sur

1. L. Carrache, 1555-1619.
2. Agostino Carrache, 1557-1602.
3. Annibal Carrache, 1560-1609.
4. Le Dominiquin, 1581-1641.
5. Guido Remi, dit le Guide, 1575-1642.
6. Albane, surnommé l'Anacréon de la peinture, 1578-1660.

RAPHAËL. — BATAILLE DU SAINT-SACREMENT.

bois et sur cuivre, ce qui produit toujours de la froideur et de la sécheresse.

Comme l'École lombarde, l'École bolonaise eut un transfuge célèbre. Ç'a été *Spada* qui, en rivalité avec le *Guide*, voulut opposer à la manière délicate et claire de ce dernier une couleur fière et vigoureuse. Il a souvent signé ses tableaux en traduisant et remplaçant son nom par une épée.

ÉCOLE NAPOLITAINE

L'École napolitaine se reconnaît à une couleur vigoureuse, heurtée, mi-partie sombre et claire, et à une exécution hardie qui montre qu'elle a dû être prompte et facile. Mais de là est résulté un dessin qui laisse souvent à désirer.

Ses compositions, qui représentent presque toutes des batailles, des escarmouches ou des disputes, offrent toujours du mouvement, de l'intérêt et du pittoresque. Du reste, on peut aisément distinguer le caractère de cette école, en se rappelant les tableaux de *Salvator Rosa*[1], de *Falcone*, son maître, de *Preti* et de *Giordano*[2].

1. Salvator Rosa, peintre de batailles, 1615-1673.
2. Giordano, 1632-1701.

ÉCOLE GÉNOISE

L'École génoise, qui comprend aussi les peintures piémontaises, a uniquement représenté des sujets religieux. Ses productions sont empreintes d'une certaine simplicité qui ne manque pas de naïveté ; mais elles sont généralement froides et le dessin en est peu correct. Sa couleur est assez brillante et rappelle celle des Vénitiens, — sans lui être cependant comparable.

Les peintres les plus connus de cette école ont été *Andria Massone*, *Strozzi* et *Castiglione*.

ÉCOLES ESPAGNOLES

Dès le milieu du xve siècle, quelques peintres exerçaient leur talent ou leur inexpérience sur les murs des églises de l'Espagne ; mais ce n'était que des essais très imparfaits. L'art véritable ne pénétra et ne se déclara dans la péninsule que lorsque la domination de Charles-Quint mit en rapport l'Italie avec l'Espagne. Alors, les chefs-d'œuvre de l'Italie furent connus, appréciés et étudiés par les Espagnols ; des peintres, après avoir voyagé et s'être formés en Italie, revinrent enthousiasmés, instruits,

artistes ; et, peu à peu, des écoles originales se des-
sinèrent en différentes villes.

Ces écoles sont beaucoup moins nombreuses que
celles d'Italie ; elles se réduisent à trois ; l'École de
Séville, celle de Valence et celle de Madrid. '

ÉCOLE DE SÉVILLE

Après *Cespedès* et *Alonzo Cano*, surnommé le
Michel-Ange espagnol (1550), qui furent, autant que
peintres, sculpteurs, architectes et écrivains, parurent : *Luis de Vegas* qui, ayant étudié à Rome,
apporta le premier en Espagne la manière de peindre
à l'huile et à fresque ; et *Juan de las Roelas*, copiste
fervent du Titien, qui fit à son tour connaître et
goûter dans sa patrie la couleur de l'école de Venise.

Puis (en 1600) l'on cite *Herrera* le Vieux[1], peintre
d'un caractère si violent et si insociable qu'il éloigna
de lui tous ses amis et jusqu'à ses enfants. Il resta
seul avec une vieille servante, à laquelle il faisait
étendre sur ses toiles, dans des endroits délimités,
des teintes uniformes ; et il savait adroitement se
servir de cette pâte, mise presque au hasard, pour

---

1. Herrera le Vieux, 1576-1656. Son fils, Herrera le Jeune, 1622-
1680, fut aussi un peintre distingué.

trouver, dessiner et modeler harmonieusement des draperies, des figures et des personnages.

Plus fort et plus célèbre que ces premiers peintres fut *Zurbaran*[1]. Il était le fils d'un simple laboureur; et, après avoir reçu quelques conseils de Juan de las Roelas, il se forma presque seul en s'imposant pour excellente règle de n'étudier que d'après la nature. Aussi, jeune encore, il se fit une réputation méritée à Séville, où il passa la majeure partie de sa vie à exécuter des peintures dans les monuments religieux de cette ville.

Son travail est correct, un peu froid, généralement bleuâtre; et il a surtout choisi et réussi les types de moines, auxquels il donne une expression particulièrement austère, pieuse et ascétique.

Un grand peintre espagnol encore, qui appartient et à Séville et à Madrid où il travailla pendant dix-sept ans, est *Velasquez*[2]. D'abord élève d'Herrera le Vieux, puis de Pacheco, il alla à Madrid, puis au monastère de l'Escorial copier les chefs-d'œuvre des maîtres; et Philippe IV, émerveillé de son talent, le nomma son peintre officiel. Il le fut avec honneur et avantage jusqu'à sa mort.

1. Zurbaran, 1598-1662.
2. Velasquez, 1599-1660.

Velasquez est peut-être le seul artiste espagnol qui n'ait pas traité des sujets religieux. Il s'essaya avec succès dans tous les genres : paysages, natures mortes, compositions historiques et d'intérieurs; mais il s'attacha surtout à faire des portraits et y réussit admirablement. Ces portraits — la plupart de princes, d'infants et de grands seigneurs — se reconnaissent par leurs types distingués et l'entente du clair-obscur. Ses figures sont d'un dessin serré ; les chairs sont transparentes et se détachent ordinairement sur des fonds franchement sombres ou franchement lumineux et sur des vêtements d'une couleur hardie, originale, heurtée quelquefois, mais qu'il sait rendre harmonieuse. Soit dans ses portraits en buste, en pied ou équestres, soit dans ses compositions, il se montre toujours naturel, coloriste et bon dessinateur.

Murillo [1], — que Velasquez réussi, puissant et plus âgé, aida généreusement à ses débuts, — *Murillo* fit la gloire de l'école de Séville. D'abord arrêté, entravé par la nécessité de peindre pour gagner sa vie, sans maître et sans savoir, aussitôt qu'il put avancer sur la bonne voie, avec son ar-

_____

1. Murillo, 1618-1682.

dente et facile exécution, sa brillante imagination et son délicat sentiment artistique, il devint le plus fécond et le plus admirable des peintres espagnols. Ses compositions participent du matérialisme de sa nation et de l'idéalisme élevé des maîtres italiens.

Son genre propre et son style sont plus difficiles à distinguer chez lui que chez les autres, parce qu'il affecta trois manières dans son exécution, que l'on a appelée suivant ses changements : *froide, chaude et vaporeuse.* Dans la première, son dessin est assez correct, mais sa couleur est blafarde et uniforme avec des oppositions sombres ou accentuées, — comme dans ses scènes de mendiants. Dans la seconde, son travail est plus large, plus énergique, et son coloris plus transparent, plus chaud, — comme dans ses moines, ses saints en extase.

Et c'est dans la troisième qu'il réunit, à la grâce du dessin, cette harmonie vaporeuse de l'effet et cette poésie d'expression, qui charment dans ses apothéoses, ses assomptions, et dans ses vierges — aussi mondaines que célestes.

Les œuvres de *Murillo* sont très nombreuses : il y a peu d'églises et de galeries en Espagne qui ne possèdent plusieurs tableaux de lui. Mais il y a un choix à faire ; car, si partout son génie ou son sentiment idéaliste se manifeste, beaucoup de ses peintures rappellent l'exécution trop hâtive de sa première jeunesse, — alors que, pour vivre, il faisait sur de petites toiles des madones par douzaine.

ÉCOLE DE VALENCE

Le premier peintre remarquable ou remarqué de l'École de Valence a été *Juan de Juanez*[1], qui se forma à Rome. Aussi, sans être comparable à Raphaël (comme les Espagnols l'ont prétendu), par la pureté de son dessin, par la noblesse de ses figures, le style de ses draperies et son coloris, il rappelle l'École romaine. Du reste, aucun peintre ne prit son travail autant au sérieux. On raconte qu'il ne commençait jamais un tableau sans faire ses dévotions et sans demander à Dieu de l'inspirer; puis il s'enfermait seul avec son œuvre, qu'il faisait avec autant de ferveur que ses prières.

Après lui, vers 1600, se distinguèrent les deux *Ribalta*, père et fils, dont la manière de peindre était tellement semblable qu'on confondait souvent leurs tableaux. L'un et l'autre ont également et unique-

1. Juan de Juanez, 1523-1581.

6

ment traité des sujets religieux. Mais les œuvres de ces peintres ne sont guère sorties de l'Espagne et elles sont inconnues partout ailleurs.

Ribalta, le père, eut pour élève *Ribera*[1], beaucoup plus populaire. *Ribera*, poussé, emporté par l'ardeur de sa vocation et par la violence de son caractère, voulut absolument étudier d'après les maîtres italiens et, malgré ses parents, il s'enfuit sans ressources à Rome. Là, copiant sans repos les beaux modèles, il vécut longtemps des libéralités de ses camarades, qui l'appelaient « le petit Espagnol » — d'où lui est resté le surnom de l'*Espagnolet*.

Il devint l'élève et l'admirateur du farouche Caravage, dont la touche hardie plaisait à sa fougueuse nature; puis, après la mort de son maître, il s'enthousiasma pour la manière douce, gracieuse et le coloris moelleux du Corrège — alors en grande faveur — et il s'efforça de l'imiter.

Mais bientôt, abandonnant ce genre qui ne convenait ni à son tempérament ni à sa vocation artistique, il revint à sa facture énergique et toute matérielle. De ce moment, en effet, il s'est invariablement plu à représenter des sujets qui produisissent une forte

---

1. Ribera, 1588-1659.

impression sur le spectateur : des types grossiers, fortement caractérisés ou hideux, des suppliciés, des expressions violentes, terribles, qu'il peignait avec une effrayante vérité. — Il rendait ces scènes étranges en s'aidant d'une couleur vigoureuse et avec des oppositions si accentuées, si noires, que l'effet de ses tableaux est toujours plus saisissant qu'agréable.

Cependant il fit plusieurs compositions religieuses très estimées. Et, après avoir d'abord éprouvé à Rome l'insuccès et l'indigence, ayant épousé, à Naples, la fille d'un marchand de tableaux qui le fit connaître, il acquit alors la réputation et de grandes richesses : ce qui lui permit d'exécuter avantageusement les très nombreux tableaux qui sont répandus dans les principaux musées de l'Europe. — Parmi ses élèves, le meilleur fut *Luca Giordano*.

Bien qu'après Ribera quelques peintres aient encore continué l'École de Valence, leur talent et leur nom n'ont pas eu assez d'éclat pour que nous nous en occupions dans ce résumé, lequel n'indique que par grandes masses les sommités incontestables qui ont caractérisé et illustré les variétés artistiques de chaque pays et de chaque époque.

ÉCOLE DE MADRID

Le divin *Moralès* [1] est le chef de l'École de Madrid.

On l'a appelé *divin* non à cause de son talent, mais parce qu'il peignit uniquement des sujets de sainteté. Quoi qu'il en soit, ses élèves et ses disciples l'ont religieusement imité; car c'est l'École de Madrid qui a produit cette quantité d'*Ecce homo* et de *Mater dolorosa* expirant, maigres et décharnés, qui n'ont absolument de remarquable que l'expression poignante et monotone de leur douleur. — Ces tableaux, généralement de petite dimension, sont peints sur bois ou sur cuivre; et les originaux de *Moralès* sont très rares et très recherchés.

Du reste, si l'on peut reprocher à *Moralès* sa peinture léchée, si l'on trouve à redire qu'il attache trop d'importance à la barbe, aux cheveux, enfin aux détails de ses figures aux dépens du grand effet et du modelé, il faut lui accorder cependant la correction du dessin et, sur ses personnages, l'expression d'une profonde douleur, qu'il a su rendre mieux que tout autre peintre.

En 1535, le *Mudo Juan Navarrete,* un jeune

---

1. Moralès, 1509-1590.

homme muet de naissance, manifesta de si grandes dispositions pour la peinture que, sur l'avis des connaisseurs, ses parents le conduisirent en Italie où il reçut les leçons du Titien.

Il travailla longtemps d'après les maîtres italiens, et autant son talent acquis que l'intérêt inspiré par son infirmité lui attirèrent simultanément une grande réputation ; tellement que, lorsqu'il revint en Espagne, Philippe II lui fit exécuter de nombreuses peintures pour l'*Escurial*. Le *Mudo* s'en acquitta si bien, que l'un de ses tableaux, représentant l'Adoration des bergers, reçut le surnom qu'il a conservé depuis, c'est-à-dire : *les Beaux Bergers*.

En 1577, le *Greco* se distingua par un genre de peintures grisâtres, blafardes, et plus originales que belles.

Ensuite, l'École de Madrid ne fut représentée que par des peintres dont les œuvres et les noms ne sont guère connus hors de l'Espagne ; ce sont : *Luis Tristan, Sanchez-Coello* et *Carducho*.

Ce dernier, pourtant, composait et peignait avec une facilité extraordinaire ; car, en 1626, s'étant engagé par contrat à livrer *en quatre ans cinquante-cinq* tableaux de sa main, — pour la décoration de la chartreuse d'el Paular, — il exécuta exactement sa promesse.

Tels sont les peintres et les écoles qui ont autrefois illustré l'Espagne, et qui méritent d'être connus et étudiés.

Ainsi, lorsque vous verrez un tableau représentant une Vierge brune, avec des yeux noirs et vifs, tempérés cependant par une expression de pureté ou de modestie répandue sur sa figure bien portante, il sera de *l'École de Séville.* — Si vous voyez au milieu d'un effet sombre, avec des ombres noires et des tons rouges et blancs, un homme faisant une affreuse grimace tandis qu'il s'arrache les entrailles, ce sera une peinture de *l'École de Valence.* — Et un tableau, peint sur cuivre, reproduisant une Vierge larmoyante et exténuée soutenant dans ses bras un Christ très maigre, appartiendra certainement à *l'École de Madrid.*

ÉCOLE ALLEMANDE

A présent que nous avons aperçu les écoles du Midi, nous allons examiner celles du Nord. Il y en a trois : l'École allemande, l'École flamande et l'École hollandaise.

Certains auteurs classent les artistes allemands en plusieurs écoles; mais, comme ces écoles ne se sont pas soutenues longtemps et qu'elles ont eu individuellement de peu nombreux disciples, nous les réunirons en une seule.

Dès le xive siècle, on voit en Allemagne des œuvres d'artistes connus et d'artistes inconnus de nos jours; mais ce sont, en général, des peintures faites sur des *triptyques*[1] ou panneaux à charnières qui s'ouvrent et se referment l'un sur l'autre.

Au xve siècle, le premier peintre remarquable fut le *beau Martin* qui, d'abord ciseleur en orfèvrerie, apporta dans son nouvel art la touche adroite, délicate, mais sèche de son métier antérieur.

Ensuite, parut *Hans Holbein*, qui montra un vrai

1. Le nom de triptyque vient des diptyques anciens qui étaient, comme on le sait, deux tablettes enduites de cire sur lesquelles on écrivait avec la pointe d'un stylet et qui servaient à prendre des notes. Ces tablettes étaient formées de deux planchettes de bois ou d'ivoire, réunies par une charnière, de sorte qu'elles s'ouvraient et se fermaient comme nos livres.

De nos jours, on a adopté ce nom de diptyque (en le modifiant en *triptyque*) pour désigner certains tableaux du moyen âge, lesquels sont peints sur deux volets à charnières qui s'ouvrent et se referment sur un panneau ou tableau central, qui est ordinairement le double plus large que les volets. — On croit que l'origine de ces triptyques date de l'époque des iconoclastes, alors que les fidèles, ne pouvant conserver les saintes images dans les églises, eurent l'idée d'en faire des réductions faciles à cacher et à transporter.

talent. Néanmoins son plus grand mérite fut d'être le père du célèbre *Holbein* [1].

Ce dernier fit de nombreux tableaux, surtout des portraits tous plus parfaits les uns que les autres; car, avec l'âge, il modifia sa manière un peu froide et dure. D'abord dessinateur uniquement correct, plus tard, sans cesser d'être rigoureusement exact, il perfectionna son coloris qui devint plus vivant, plus animé; et ses figures sont des chefs-d'œuvre d'imitation et de vérité dans les détails comme dans l'ensemble, — qu'elles soient ternes ou uniformes de tons, ou qu'elles soient colorées.

Ses plus beaux ouvrages sont en Angleterre où il habita la majeure partie de sa vie. En effet, son ami *Érasme* l'ayant recommandé au chancelier *Morus*, celui-ci le présenta à Henri VIII, et ce monarque passionné pour les arts le retint à Londres par sa protection et ses bienfaits. Il appréciait même tellement Holbein, qu'un comte anglais s'étant plaint du peintre allemand, le roi lui répondit « qu'il lui serait plus facile de faire plusieurs comtes qu'un seul *Holbein* ».

Vers 1500, deux grands artistes brillèrent en Alle-

1. Holbein, 1493-1554.

magne d'un éclat tout différent, ce furent *Kranach* et *Albert Dürer.*

Le premier, ami intime de Luther, adopta naturellement ses idées réformatrices, et sa peinture s'en ressentit. Il traita, comme presque tous les peintres de son époque, des sujets religieux ; mais en enlevant à ses conceptions (non entièrement conformes aux dogmes catholiques) de leur mysticisme, il amoindrit, refroidit la qualité essentielle du genre, c'est-à-dire la naïve expression de foi et de piété. — Ses portraits, copiés simplement d'après un modèle apparent et sans préoccupation schismatique, sont ce qu'il a de mieux réussi.

Le second artiste, *Albert Dürer*[1], qui — pourrait-on dire — grava en peinture et peignit en gravant, était en effet un célèbre graveur. Mais, bien que nous ne puissions guère juger de ses œuvres par ce que nous en possédons en France, il est reconnu qu'il a fait des peintures remarquables.

Ayant voyagé et étudié en Flandre et en Italie, tout en conservant son tempérament allemand, grave, froid et penseur, il subit forcément l'impression des beautés naturelles ou idéales des grands modèles qu'il

1. Albert Dürer, 1471-1528.

avait observés ; — ce qui lui inspira tantôt des allégories philosophiques et religieuses (telles que la danse macabre), tantôt des personnages fortement caractérisés et consciencieusement imités, depuis les traits expressifs du visage jusqu'aux plis corrects des vêtements.

En 1730, *Balthasar Denner* se fit une grande réputation en exécutant des portraits où le modèle est reproduit dans ses plus petits détails, des peintures qui peuvent impunément s'examiner à la loupe.

Mais cette imitation minutieuse de la nature, toute réussie ou parfaite qu'elle soit, étonne plus qu'elle ne charme. Aussi les artistes allemands qui n'ont pas atteint à la perfection extraordinaire de ce maître ont fait des peintures léchées, prétentieuses, froides, des draperies raides, sèches et désagréables à force de vouloir être exactes et parfaites, avec un coloris rendu faux ou monotone par la recherche des détails et l'excès du travail.

Raphaël Mengs[1], qui fut instruit par son père, — peintre de miniatures sur émail, — adopta en grand l'exécution minutieuse de ce genre de travail. Il peignait lentement, avec des précautions, des essais

1. Mengs, surnommé le Raphaël allemand; 1728 1779.

préparatoires et des études infinies; et s'il obtint de
son vivant un grand succès par une scrupuleuse et
correcte exécution, l'on est bien revenu aujourd'hui
de cette appréciation bienveillante. — Néanmoins,
ayant passé plusieurs années à Rome sous la direction expérimentée de son père, il étudia consciencieusement les maîtres italiens, notamment le Corrège
dont il rappelle quelquefois la grâce et le style.

Pendant son séjour en Italie, il était entré en relation avec Don Carlos, roi de Naples, et ce prince,
étant devenu roi d'Espagne en 1761, l'attacha à son
service. C'est pour cela que la plupart des tableaux
du peintre allemand se trouvent dans les musées espagnols.

Mengs, dans les loisirs de ses travaux artistiques,
écrivit de judicieux ouvrages sur son art, et, en plus,
il était d'un caractère si bon, si généreux ou si im-
prévoyant, que, bien qu'il eût gagné beaucoup d'argent et que son bienfaiteur lui donnât une pension,
un logement et un équipage, il laissa à peine de quoi
payer ses funérailles. — Heureusement, le roi d'Espagne dota ses cinq filles et ses deux fils, élevés dans
l'abondance et restés, à la mort de leur père, absolument sans fortune.

L'on peut dire qu'après *Mengs* s'interrompit l'École allemande.

Il est vrai qu'au commencement de notre siècle, une société d'artistes allemands, influencés et guidés par *Owerbeck* et *Cornélius*, allèrent étudier à Rome les peintures du xve siècle et s'enthousiasmèrent pour l'art primitif chrétien. Mais ils faisaient fausse route, aucun bon résultat ne pouvait et ne put en résulter; car ce genre naïf — tout admirable qu'il soit — ne convenait plus aux idées ni aux goûts de notre époque. C'était un anachronisme, une inconséquence artistiques; et ce but a été aussi forcément que judicieusement abandonné.

ÉCOLE FLAMANDE

L'École flamande a possédé un grand nombre de peintres en réputation. Depuis *Van Eyck* qui passe, à tort ou à raison, pour l'inventeur de la peinture à l'huile, vers 1420; depuis *Otto Venius* qui fut le maître de *Rubens;* depuis *Van Dyck*, *Jordaens* et les *Téniers*, élèves de ce même *Rubens;* jusqu'à *Philippe de Champaigne* et *Van der Meulen* qui s'illustrèrent plus en France qu'en Belgique, tous furent des artistes de talent.

Mais il ne faut pas chercher dans leurs œuvres la grâce, ni la perfection correcte et étudiée du dessin, non plus que l'expression élevée et délicate du sentiment, car ils se sont surtout attachés à la forme extérieure. S'inspirant des modèles du pays et de la carnation fraîche et opulente des flamandes, ils imitèrent naturellement les modèles qu'ils avaient sous les yeux, au détriment de la noblesse et de l'élévation morale.

En prenant pour exemple *Rubens* [1], le peintre flamand le plus fécond et le plus célèbre, nous trouverons dans ses tableaux, — qui offrent une fougue merveilleuse d'exécution et un grand charme de couleur, — nous trouverons, dis-je, des négligences de dessin, et des types généralement trop robustes, trop bien portants et sans expression morale bien caractérisée. L'idéalisme n'a été compris ou recherché par aucun peintre flamand.

De même, — à l'exception du portraitiste *Van Dyck* qui, copiant toujours de nobles seigneurs, eut une facture plus distinguée, — les autres peintres flamands, tels que *Jordaens*, les *Téniers*, etc., ont fait des tableaux bien faciles à reconnaître. Ce sont des

1. Rubens, 1577-1640.

kermesses, des intérieurs de cabaret, des buveurs et des fumeurs, des bambochades, des scènes communes, ou bien des compositions sérieuses où la vie et l'expression matérielles l'emportent ou débordent sur le sentiment. Quant à l'exécution, elle est toujours colorée, facile et pleine de sève et d'attrait.

Cela dit ou *jeté comme coup d'œil général*, édifions-nous sur les allures et le talent particuliers de ces peintres, par une prompte analyse, afin de ne pas ennuyer le lecteur non artiste.

Vers 1420, les deux frères *Van Eyck*, — surtout *Jean* que l'on a communément appelé *Jean de Bruges*, — se servirent les premiers de couleurs broyées à l'huile au lieu de couleurs broyées à la colle ; et cette précieuse innovation leur réussit admirablement. En effet, malgré l'expérience de quatre siècles et le progrès de nos sciences chimiques, les solides peintures de *Jean de Bruges* sont encore mieux conservées que les nôtres : sa pâte est toujours nette, son coloris est brillant et ses ombres chaudes et transparentes.

Du reste, il ne faudrait pas croire qu'il n'a été qu'inventeur ou innovateur, car il a peint des compositions religieuses ou de genre d'une grande importance et d'une grande beauté. Et un heureux résultat dont le xve siècle lui est en partie redevable, c'est que, le premier, il fit des peintures *portatives*, c'est-à-dire des *tableaux*, qui, depuis cette époque, commencèrent à remplacer les peintures murales.

Hans Hemling (1480), un soldat de Charles le Téméraire, dit-on, se distingua en peignant avec adresse et talent des châsses destinées à renfermer des reliques, et des triptyques. Mais il ne fit que des miniatures ou des figures de petites dimensions, et il n'osa encore aborder la peinture à l'huile.

Un peintre flamand, *Jean de Maubeuge*, après avoir étudié quelque temps en Italie, amena et marqua la transition entre la primitive et un peu timide école flamande et la manière large et hardie de celle d'Anvers. Ses peintures, tout en s'inspirant des types ordinaires de son pays, rappellent le style plus élevé des maîtres italiens.

Enfin parut, en 1600, l'étoile de l'École flamande, *Rubens*.

Rubens (*Pierre-Paul*)[1], d'abord page au service de la comtesse de Lalaing, s'ennuya de cette oisiveté stérile et vaniteuse, et bientôt il s'en affranchit pour

____

1. P.-P. Rubens, 1577-1640.

aller étudier la peinture chez *Otto Venius,* maître
habile qui lui fit faire de rapides progrès. Puis, il
parcourut l'Italie, et le duc de Mantoue, émerveillé
de son précoce talent, le logea dans son palais où il
put copier les ouvrages de Jules Romain. De là, il se
rendit à Venise, et y étudia les tableaux du Titien,
de Véronèse et du Tintoret. Mais, pendant qu'il visi-
tait successivement les riches musées de l'Italie où
il s'arrêtait et travaillait avec fruit, la mort de sa
mère le fit revenir en Flandre. Bientôt après, Marie
de Médicis l'appela en France pour qu'il décorât la
galerie de son palais du Luxembourg ; et c'est alors
qu'il exécuta, avec l'aide de ses élèves, les vingt et
un tableaux qui se voient aujourd'hui exposés au
Louvre.

Le vaste génie de *Rubens* ne le rendait pas apte
seulement aux arts : sa figure noble, ses manières
distinguées, sa parole intelligente, enfin ses relations
avec les grands seigneurs lui procurèrent d'autres
avantages. A l'instigation du duc de Buckingham, il
fut envoyé à la cour de Philippe IV, puis à celle de
Charles Ier, pour négocier la réconciliation de l'Espagne et de l'Angleterre ; et il réussit si bien dans
cette mission, qu'il revint comblé d'honneurs et de
récompenses à Anvers où, pour comble de bonheur,

il épousa en secondes noces *Hélène Forment,* femme d'une remarquable beauté.

Homme considéré, peintre célèbre, privilégié par la nature, le succès et la richesse, *Rubens* vécut heureux de 1577 à 1640, en produisant dans cette longue carrière près de trois mille tableaux — dont quinze cents ont été gravés. Les principaux sont à Anvers, à Bruxelles, à Munich, à Vienne, en Espagne, à Londres, à Paris et dans la plupart des musées de l'Europe. Ces tableaux, généralement de grande dimension et tous remarquables par leur belle couleur, indiquent, en même temps qu'un grand coloriste, une exécution facile et une riche imagination.

Contemporain de Rubens, son élève *Van Dyck* fut moins heureux que lui dans les grandes compositions (que du reste il traita rarement), mais il lui est supérieur pour les portraits. Il adopta spécialement ce genre où il a montré un prodigieux talent de touche délicate, de coloris et, comme nous l'avons dit, de distinction.

Tout au contraire, un autre élève de Rubens, *Jordaens*[1], n'a employé son ardente, chaude et facile

1. Jordaens, 1594-1678.

exécution, qu'à des sujets indignes de cette exécution précieuse. En effet, les compositions qu'il a reproduites avec un incontestable talent ne sont guère que des scènes sans noblesse, des saturnales, des figures ou des expressions exagérées, des plaisanteries outrées jusqu'à la caricature.

Cependant l'influence de Rubens qui, ayant étudié longtemps en Italie s'était inspiré de la couleur et de l'élévation d'idées des maîtres italiens, cette influence, disons-nous, n'avait pas entraîné tous les peintres flamands. Les *Breughel* et les *Téniers* restèrent indigènes et eux-mêmes, c'est-à-dire des types communs, comiques et grivois de leur pays, — ce qui les rendit d'autant plus populaires. En effet, *Breughel* (1559), avec une grande finesse de travail, ne s'est plu qu'à retracer des scènes familières, des allégories plaisantes ou des sujets sérieux traduits dans le même genre ; et cela, dans des tableaux de petite dimension.

Quant à *David Téniers* [1], il a reproduit avec une animation, une originalité, et une expression et une vérité surprenantes, toutes les scènes communes et amusantes, tous les types grossiers, plaisants, ordi-

1. David Téniers, dit Téniers le Jeune, 1610-1694.

naires et extraordinaires, qu'il rencontrait chaque jour autour de lui, — sans compter ses compositions sur les *malheurs de la guerre*, où, avec une pointe de philosophie et de moralité, il représente les excès injustes, cruels et révoltants d'une soldatesque, à son époque, effrénée et trop souvent impunie.

Ses tableaux dénués de distinction et de noblesse — mais non de vérité — peuvent ne pas plaire à tout le monde; mais, en examinant et appréciant l'exécution, la touche adroite, vive, délicate, argentine et facile (surtout à l'apogée de son talent, vers 1643), on ne peut s'empêcher de convenir du véritable mérite des très nombreux ouvrages de *Téniers.*

Du reste, il fut avantageusement apprécié de son vivant, car l'archiduc Léopold, le roi d'Espagne, la reine Christine de Suède et tant d'autres puissants amateurs se disputaient ses tableaux; au point qu'il ne pouvait suffire aux commandes, — bien qu'il commençât et finît quelquefois une composition dans la même journée... Aussi il acquit de grandes richesses et se fit construire un château près d'Anvers, où il recevait tout ce que la Belgique comptait alors d'hommes distingués dans la noblesse, les lettres, les sciences et les arts.

Philippe de Champaigne[1], peintre bruxellois, vint à Paris en 1621 et y fit des portraits qui obtinrent un grand succès. Lié intimement avec le Poussin, ce dernier décida Du Chesne, peintre de la reine, à l'employer à des peintures au palais du Luxembourg; mais *Philippe de Champaigne,* s'étant pris de querelle avec son nouveau maître, quitta Paris et retourna à Bruxelles.

A peine arrivé dans cette ville, la reine le fit rappeler et lui offrit la place de Du Chesne, qui venait de mourir. *Philippe de Champaigne* accepta et passa le reste de sa vie à exécuter des travaux dans les églises et les maisons royales de France. Voilà pourquoi nous possédons et voyons dans nos musées la plupart de ses tableaux, tels que : l'*Apparition de saint Gervais et de saint Protais à saint Ambroise; Jésus célébrant la Pâque avec ses disciples; le repas chez Simon le Pharisien, etc.,* etc.

Van der Meulen[2] est encore un peintre de Bruxelles qui devint un peintre français, c'est-à-dire qu'il passa sa vie au service de Louis XIV. Voici comment sa biographie est rappelée par un auteur compétent : « Il fut élève de Peter Snayers, et, avant même de

1. Philippe de Champagne, 1602-1674.
2. Van der Meulen, 1634-1690.

sortir de l'école, ses tableaux de paysages et de batailles égalaient ceux de son maître. Le Brun, ayant
vu des peintures de Van der Meulen apportées en
France, conseilla à Colbert non seulement de les
acquérir pour sa collection, mais de faire venir l'artiste pour l'attacher au service du roi. Van der
Meulen, appelé par le ministre, quitta Bruxelles, vint
à Paris, fut logé aux Gobelins où il travailla à l'exécution de modèles pour les tapisseries, et reçut une
pension de 6,000 livres, indépendamment du prix de
ses ouvrages. Il suivait le roi dans toutes ses cam-
pagnes, dessinait sur les lieux mêmes les villes for-
tifiées, leurs environs, les marches d'armées, les
campements, les sièges et les prises des villes ; en
sorte que ses tableaux représentent avec la plus
grande fidélité l'histoire militaire du roi et ses conquêtes. Les nombreux portraits de personnages célèbres que *Van der Meulen* a introduits dans ses
compositions, la représentation exacte des costumes
de l'époque ; enfin, sa grande manière de traiter le
paysage, la beauté de sa couleur, la vigueur et la
légèreté de son exécution, donnent aux œuvres de
ce maître une haute valeur. Il fut reçu de l'académie
de peinture le 15 mai 1673, et, contrairement aux
usages, ne présenta pas de morceau de réception. »

ÉCOLE HOLLANDAISE

Les peintres hollandais rappellent beaucoup dans leurs productions le genre peu distingué des peintres flamands; mais, moins encore que ceux-ci, ils font consister l'intérêt dans l'expression plus ou moins passionnée du sentiment et des figures. Chez eux, la pensée dramatique le plus souvent est absente. Ils recherchent surtout l'exécution parfaite, ils attachent le plus grand mérite aux ressources pratiques et apparentes des couleurs de leur palette; et il faut avouer qu'ils ont su en tirer un merveilleux parti.

Plus que tous les autres ils ont excellé dans l'entente du clair-obscur, dans la science approfondie de l'effet, et dans l'imitation simple, calme et vraie de la nature.

Les intérieurs, les cuisines de *Dow*[1], les scènes familières et naïves de *Miéris*[2] et de *Du Jardyn*, les tableaux de genre de *Metsu*[3] et de *Terburgh*[4], même

1. Gérard de Dow, 1613-1680.
2. Franz van Miéris, 1635-1684.
3. Metsu, 1615-1658.
4. Terburgh, 1603-1681.

les vilaines figures de *Hostade,* qui rachètent leur
laideur par leur bonhomie, toutes ces peintures sont

PAUL POTTER.

des chefs-d'œuvre de vérité et d'harmonie. De même,
les animaux de *Paul Potter* [1], les paysages de *Ber-*

1. Paul Potter, 1625-1654.

ghem[1], de *Ruysdaël*[2] et d'*Hobbema*[3], les natures

REMBRANDT.

mortes de *Van Hugsum* sont des imitations merveilleuses. Cependant ces tableaux, ordinairement de

1. Berghem, 1624-1683.
2. Ruysdaël, 1636-1681.
3. Hobbema, 1611-1683.

petite dimension, tout en captivant l'œil par la perfection, le fini et l'adresse du travail, ne disent rien à la pensée ; ils n'émeuvent pas le spectateur. Néan-

LA RONDE DE NUIT DE REMBRANDT.

moins ils sont de mode aujourd'hui et se payent très cher[1].

La simplicité naïve, que les premiers peintres italiens ont exprimée dans leurs peintures religieuses,

1. Les paysages d'Hobbema, qui se vendent aujourd'hui jusqu'à cent mille francs, ne jouirent pendant deux cents ans d'aucune faveur et eurent peu de valeur.

les peintres hollandais l'ont répandue dans les scènes ordinaires et familières de leurs tableaux. D'un tempérament plus froid, au lieu de peindre d'inspiration des compositions grandes, nobles, divines et mystiques, ils ont simplement reproduit ce qui s'offrait à leurs yeux et ce qui se passait journellement autour d'eux..

Rembrandt[1] est le seul qui ait élargi le genre de l'école hollandaise, et encore il a sacrifié l'idée à l'exécution. Dans ses compositions, l'on voit qu'il s'est surtout préoccupé du prestige du clair-obscur, qu'il a souvent trop exagéré. — Ses portraits seuls sont frappants d'expression, parce que les portraits sont d'autant plus vivants que l'imitation est plus exacte.

Ses tableaux sont aisés à reconnaître : ils représentent toujours une scène restreinte sous un effet de jour remarquablement lumineux, qui brille ou perce dans l'ombre. Les clairs ne sont si lumineux que par la forte opposition de cette ombre; et je crois que *Rembrandt* aurait eu de la peine à reproduire *en pleine lumière* une figure qui ne fût pas *mulâtresse...*

_____

1. Rembrandt, 1606-1674.

ÉCOLE FRANÇAISE ANCIENNE ET MODERNE

L'École française, que, par bienséance, nous citons la dernière, a beaucoup varié avec ses différents âges.

Sans remonter jusqu'au XIVe siècle, où des imagiers célèbres remplirent les manuscrits de miniatures expressives et admirables, rappelons seulement *Jehan Clouet*, auteur de plusieurs petits portraits historiques qui ornent encore le Louvre, et arrivons de suite au véritable commencement de notre école nationale.

Celle-ci ne prit sérieusement naissance qu'en 1516, sous François Ier, alors que ce prince, ami des sciences et des arts, eut été émerveillé par les beautés artistiques qu'il avait vues dans ses invasions en Italie. Il ramena de Milan et de Florence tous les artistes qu'il put attacher à sa personne ; et *Vinci*, *André del Sarte*, *Rosso* et *Primatice*, tout en décorant son nouveau palais de Fontainebleau, y formèrent un musée et une école de peinture.

Mais François Ier mort, l'académie de Fontainebleau fut abandonnée ; et l'école française ne se dessina d'une manière vraiment caractéristique et remarquable qu'un siècle plus tard, lorsque parurent *Simon Vouet, Lesueur* et *Poussin*.

Vouet [1] fut un peintre très habile, et comblé d'honneurs par Louis XIII et par le cardinal de Richelieu; mais, soit à cause de sa grande facilité, soit à cause de l'abondance de ses commandes, il négligea son travail, et la plupart de ses peintures ne sont que des décorations bien entendues. Néanmoins, c'est notre premier peintre qui fit des tableaux avec des personnages de grandeur naturelle, et il eut le précieux mérite de faire des élèves.

Son plus fort fut *Lesueur* [2] qui, plébéien et pauvre, fut officiellement supplanté par Le Brun, son glorieux rival, et s'enferma chez les Chartreux où il se voua religieusement à son art.

Il mourut à trente-huit ans, et malgré cette courte carrière, il fit un grand nombre de peintures religieuses et mythologiques, plus vingt-deux tableaux rappelant la vie de saint Bruno. Il fut et sera toujours une des gloires de l'école française par ses compositions empreintes d'une piété douce, pure et fervente, et par son exécution à la fois simple, forte et harmonieuse.

1. Vouet, 1582-1649.
2. Lesueur, 1617-1655.

Le *Poussin*[1] fut un artiste complet. Philosophe, religieux, moraliste, savant, ses peintures, fermes et sagement colorées, ont rendu dans tous les genres l'expression de ses pensées. Peu de peintres ont composé les scènes historiques ou les scènes de la comédie humaine avec autant de sens et de raison.

Poussin fut certainement le peintre le plus fort du règne de Louis XIII, qui l'apprécia à sa valeur; mais, comme il habita Rome pendant la majeure partie de sa vie, il ne forma ni élèves ni école, et la peinture française ne prit un caractère d'uniformité et d'importance que sous le règne de Louis XIV. Voici comment cela arriva :

Primitivement, les maîtres peintres avaient formé entre eux, dans les grandes villes, des compagnies, des corporations artistiques qui étaient placées sous la protection de saint Luc, patron des arts. Sous Louis XIV, Colbert fonda, en 1666, une Académie française à Rome où l'on envoya aux frais du gouvernement des pensionnaires peintres, sculpteurs et architectes. Il y avait à cet effet des concours; mais c'était rarement celui qui remportait le premier prix qui faisait le voyage : les brevets de pen-

---

1. Nicolas Poussin, 1594-1665.

sionnaire ne s'obtenaient guère que par la faveur.

De même à cette époque, n'ayant pas d'exposi-tions publiques et régulières, les peintres avaient besoin, plus qu'aujourd'hui, de protection pour se faire connaître et pour obtenir des commandes. Tou-tefois, le goût des beaux-arts étant plus générale-ment répandu dans les classes riches, et les grands seigneurs étant plus nombreux et plus opulents que de nos jours, les artistes de talent trouvaient bien vite des protecteurs et des travaux. Ils avaient encore pour ressource les commandes des corporations ouvrières, telles que celle des orfèvres qui, chaque année, le premier de mai, offrait un tableau votif à la cathédrale; et une petite exposition publique qui avait lieu en plein air sur la place *Dauphine*, à l'octave de la Fête-Dieu. Elle ne durait que deux heures...

Une fois en renom, ils étaient admis à l'Académie royale de peinture et de sculpture, instituée en 1648. Elle fut d'abord composée de douze membres qui faisaient entre eux des expositions particulières, et l'on y obtenait plusieurs grades honorifiques. On était d'abord *agréé* jusqu'à ce qu'on eût fait un tableau qui fît recevoir *académicien;* puis *adjoint à professeur, professeur, adjoint à recteur, recteur, directeur* et *chancelier*. Après cela, on devenait souvent premier peintre du roi.

Le Brun[1], le favori de Séguier, de Mazarin, de Colbert et de Louis XIV, contribua à fonder l'Académie royale et en obtint tous les honneurs, avec bien d'autres encore. L'on connaît la prodigieuse quantité de ses tableaux et ses grandes machines représentant les batailles d'*Alexandre;* mais la faveur dont il jouissait exerça un pouvoir despotique sur l'art, et toutes les œuvres de cette époque offrent un caractère trop uniforme. Le coloris de *Le Brun* et de son école est rouge, sombre et peu brillant; son dessin, sans être précisément incorrect, est lourd, et son mérite a surtout résidé dans la fécondité de son imagination et dans la grandeur et l'ordonnance de ses conceptions, soit artistiques, soit décoratives.

Après lui vint *Jouvenet*[2], qui fit de nombreuses peintures religieuses bien composées et bien dessinées. Mais (à part quelques-unes) elles sont traitées d'une manière plutôt décorative que réellement artistique et, du reste, avec la même absence de coloris que Lebrun, son maître. — Puis *Restout*[3], le neveu

1. Le Brun (Charles), 1619-1690.
2. Jouvenet, 1647-1717.
3. Restout, 1692-1768.

et l'élève de Jouvenet, hérita de sa réputation et de *son travail,* car il aida son oncle à achever ses tableaux lorsque ce dernier, devenu paralysé de la main droite, fut obligé de se servir de sa main gauche.

A la même époque se distinguèrent encore deux portraitistes célèbres, *Pierre Mignard* et *Rigaud.*

Mignard[1] fit des peintures correctes, lisses, léchées, d'une gracieuseté affectée, *mignardées* enfin — son nom est resté attaché à ce genre. — Et il conserva ce faire dans les quelques grands tableaux qu'il exécuta (notamment dans sa *Vierge à la grappe,* qui se voit au Louvre).

Rigaud[2] lui succéda dans sa réputation et dans ses honneurs. Ce dernier montra une abondance extraordinaire : il peignit des portraits par centaines... et il peignit bien. Le seul reproche qu'on peut lui faire c'est qu'il posa et drapa tous ses portraits avec une affectation de noblesse, d'ampleur et de solennité qui ne pouvait convenir qu'à l'époque orgueilleuse de Louis XIV. On peut s'en convaincre en se rappelant le portrait du roi-soleil et celui de Bossuet, que la gravure a partout fait connaître.

1. P. Mignard, 1610-1695.
2. Rigaud, 1659-1743.

Nous ne pouvons quitter ce règne sans parler de *Claude Gelée*, dit *le Lorrain*[1], notre premier paysagiste. Ce fut un grand peintre en son genre, savant observateur de la nature, doué d'une riche imagination en même temps que d'une exécution facile et adroite.

Ses paysages, ses marines, ses places publiques garnies de monuments splendides, ses perspectives de palais ne sont pas des vues que l'on rencontre naturellement ; ce sont des compositions, des sites embellis, mais disposés et peints avec tant de science et de sentiment de la nature, qu'ils sont vrais, attachants et admirables dans toutes leurs parties, — y compris les nombreux personnages qui les animent et qui ont été judicieusement ajoutés par des aides de Claude le Lorrain.

Vien[2] n'eut pas une grande célébrité ; cependant il fit quelques tableaux remarquables qui indiquent une énergique tendance à revenir aux bonnes traditions de l'art. Il fut directeur de l'École française à Rome, et, en présence des grandes œuvres des maîtres anciens, il comprit mieux le beau rôle de la peinture ; il s'indigna de l'abaissement, du degré de

1. Claude Le Lorrain, 1600-1682.
2. Vien, 1716 1809.

petitesse où elle était tombée en France et il voulut la ramener à la hauteur qu'elle doit occuper, lui rendre la mission élevée qu'elle doit remplir. C'est sans doute lui qui inspira cette idée à David qui, plus heureux que son maître, exécuta et réussit cet honorable projet.

ÉCOLE LOUIS XV

Au commencement du XVIIIe siècle, un nouveau genre de peinture se dessina avec *Watteau et Vanloo, Lancret et Boucher*.

Autrefois, les ornementations sculptées, la peinture murale et les tapisseries des Gobelins décoraient seules les palais, il y avait peu de peintures portatives; mais, sous Louis XV, les peintres de l'Académie furent chargés d'un grand nombre de tableaux pour les résidences royales.

Alors, ne s'inspirant de la nature et des règles de l'art que pour rendre apparentes les scènes créées dans leur imagination, les artistes s'abandonnèrent au caprice de leurs conceptions; et, influencés, entraînés par le goût, l'afféterie et la licence de l'époque, ils ne recherchèrent que le gracieux et la fantaisie. Tous les sujets, toutes les compositions

de leurs tableaux représentèrent des chasses, des
goûters sur l'herbe, des scènes galantes, des foires,
des fêtes pastorales ; et les bergères enrubannées, les
nuages et les amours roses vinrent fausser le sens,

WATTEAU.

la vérité de la peinture et de la nature, comme le
fard vint couvrir les figures maniérées, rieuses et
folâtres des personnages composant la société légère
du xviiie siècle.

Néanmoins il y a une distinction à faire entre les
peintres qui attachèrent leur nom à cette inférieure

époque de notre École. *Watteau*[1], le peintre des *Fêtes galantes*, montre dans ce genre frivole une richesse d'imagination, une grâce, une finesse d'esprit et une convenance relative qui indiquent un artiste d'une certaine valeur. De même on ne peut lui contester une couleur, exagérée sans doute, mais brillante, séduisante, et une ardente abondance unie à une admirable légèreté de pinceau.

En ce temps de décadence, artistique et autre... *Carle Vanloo*[2], avec son dessin correct, ses études consciencieuses et son goût pour les sujets historiques, se serait maintenu dans la bonne voie s'il avait eu l'énergie de réagir courageusement, consciencieusement; mais il se laissa entraîner par la mode et le mauvais goût de son siècle et, avec les éléments pour mieux faire, il ne dépassa guère le niveau des peintres ses contemporains.

Boucher[3] et *Lancret*[4], qui ont joui peut-être d'autant de réputation que leurs précédents collègues, ont eu un talent bien inférieur. Avec eux, la peinture descendit au rang d'ornements d'éventails et de

1. Watteau, 1684-1721.
2. Carle Vanloo, 1705-1765.
3. Boucher, mort en 1770.
4. Lancret, 1690-1743

dessus de portes. — Voici, du reste, comment Boucher est jugé par le critique Diderot : « Que dire de cet homme? La dégradation du goût, de la couleur, de la composition, de l'expression, du dessin, a suivi pas à pas la dépravation des mœurs... J'ose dire que cet homme ne sait vraiment ce que c'est que la grâce ; qu'il est sans goût ; qu'il n'a jamais connu la vérité ; qu'il n'a pas vu un instant la nature ; que les idées de délicatesse, d'honnêteté, d'innocence, lui sont devenues étrangères... C'est un faux bon peintre, comme on est un faux bel esprit. »

Cependant malgré la direction fausse de ces peintres, malgré leur dessin, leur couleur de fantaisie et leur manque de naturel, on ne peut leur refuser le mérite d'une exécution adroite, une gracieuse et féconde invention, et, tout en exagérant, d'avoir traduit l'esprit et l'aspect de leur époque.

Mais, après avoir joui d'une grande vogue, ils tombèrent dans le discrédit, comme cela devait être. L'esprit du siècle changeant avec la Révolution, ils furent critiqués, méprisés, et la peinture revint à l'appréciation et à l'étude sévère de la nature et de l'antique.

ÉCOLE CLASSIQUE

Le chef de cette réaction, *David* [1], devait d'abord être élève de *Boucher*; mais, heureusement, il prit une direction toute différente. Il étudia à l'atelier de *Vien*, obtint le prix de Rome où il dessina continuellement d'après l'antique, et il revint en France avec une science profonde du dessin et une admiration déclarée pour l'art grec et romain.

Tout le monde connaît les tableaux et le style héroïque de *David* : *Léonidas aux Thermopyles*, le *Serment des Horaces*, *Brutus* et l'*Enlèvement des Sabines*; mais personne ne peut nier que l'exagération, même dans le bien, ne soit un mal. En effet, avec sa science du dessin, avec sa grande entente de la composition et son habitude de la peinture, ses tableaux ne captivent pas le spectateur et le laissent froid en face de leurs scènes tragiques.

Cela vient de ce que *David* a poussé la recherche du dessin — ou plutôt l'amour de l'antique — jusqu'à l'affectation, car, à force de vouloir rendre ses personnages d'une manière académique et correcte, il leur a ôté la vie, le mouvement et le naturel. Ni

1. David, 1748-1825.

ils ne marchent, ni ils ne se battent, ni ils ne lancent
le javelot qu'ils brandissent magistralement; on sent
trop que c'est l'imitation, consciencieusement étudiée, de modèles d'atelier qui ne doivent pas changer de pose ou de place.

Et il en est de même pour ses draperies; elles sont
trop parfaites et trop correctes, et ce n'est pas ainsi
qu'elles se forment, se plissent et flottent naturellement.

Avec ses qualités et ses défauts, plus ou moins
accentués, l'école classique fut soutenue et continuée
par les élèves de David. Plusieurs de ceux-ci furent
des peintres célèbres par leurs talents et leur réputation, tels que *Girodet, Lethiers, Gérard, Guérin*
et *Gros* qui mourut parce que, contre son sentiment
artistique, il se rendit esclave de la manière de
David.

Les tableaux de cette époque sont faciles à distinguer : ce sont presque toujours des compositions
empruntées à l'histoire grecque ou romaine, ou bien
des scènes modernes avec des personnages un peu
posés et drapés à l'antique. Ces tableaux sont correctement dessinés, mais leur couleur est uniforme et
sans éclat (ceux de *Gros* exceptés).

Entre la peinture de *l'époque de Louis XV* et la

peinture *classique*, il faut placer, comme intermédiaires, deux artistes d'un mérite incontestable, qui sont *Greuze* et *Prud'hon*. Tous deux nés dans le même pays, presque compatriotes et vivant à peu près à la même époque, ils maintinrent, chacun dans son genre et commé de précieux jalons artistiques, le véritable but de la peinture, qui est de retracer, sous des formes saisissantes et naturelles, les passions, les sentiments ou l'idéal de la pensée.

Greuze[1], favorisé par de grandes dispositions, travailla assidûment d'après le modèle, d'abord à Lyon, puis à Paris. Il se perfectionna seul. Et c'est peut-être à cette circonstance qu'il dut son attrayante originalité; car, après avoir fait déjà des tableaux remarquables qui le firent agréer à l'Académie, et après être allé en Italie où il étudia d'après l'antique, son agréable talent perdit au lieu de gagner à cette étude : il se refroidit, pâlit et vacilla jusqu'à ce qu'il eût oublié ses souvenirs grecs et romains et fût redevenu lui-même. *Redevenir lui-même*, c'était être le provincial Greuze, c'est-à-dire le peintre naïf et vrai de la vie bourgeoise et des vertus domestiques.

Greuze, influencé par la recherche du gracieux,

---

1. Greuze, 1726-1805.

du joli qui dominait son époque, trouvant ses modèles dans sa famille ou chez ses voisins, peignant toujours d'après nature, et d'après des types d'autant plus vrais qu'il les voyait, les prenait dans leur vie, leur costume et leur état réels, *Greuze* rendit des scènes aussi saisissantes de moralité domestique, aussi émouvantes d'expression, que naïves et attrayantes par le choix et l'aspect de leurs personnages.

Cependant, ses figures si pleines de vie, sa couleur si franche, si transparente, lui coûtaient beaucoup de peine. Il tenait essentiellement à la fraîcheur des tons et, n'aimant pas à revenir sur son travail dans la crainte de les ternir, chaque partie qu'il avait à retoucher, il la repeignait *entièrement* à pleine pâte, pour éviter l'*embu* et conserver la pureté de son coloris.

Malgré ces qualités, ou plutôt à cause de ces qualités originales, il ne fut reçu académicien que comme *peintre de genre.* Cette distinction injuste l'irrita tellement qu'il ne voulut plus exposer : et, en effet, — contre son propre intérêt, — ses tableaux ne reparurent au Salon que lorsque la Révolution eut ouvert à tous les artistes les portes du Louvre[1].

1. Avant la Révolution, les artistes qui étaient reçus académi-

Prud'hon [1], originaire de Cluny, à cinq lieues de Tournus, la patrie de *Greuze*, fut protégé par le dernier évêque de Mâcon, *M. Moreau*. Il étudia la peinture à Dijon; et l'on rapporte que, concourant pour le prix trisannuel fondé par les États de Bourgogne, il travailla généreusement au tableau d'un de ses concurrents et lui fit obtenir le prix. Mais ce dernier, honteux ou reconnaissant, déclara lui-même ce qui s'était passé, et Prud'hon fut couronné comme il le méritait et partit pour Rome.

Néanmoins, il ne fut pas récompensé dans son intérieur suivant le mérite de ses bons sentiments, car il épousa, à dix-neuf ans, une femme dont le mauvais caractère fit le malheur de toute sa vie. Ensuite, né d'une famille pauvre, il ne pouvait manifester le génie et le talent qu'il sentait en lui-même; et longtemps il dut, pour vivre, faire des portraits au pastel, et des dessins de vignettes et d'illustrations. Enfin l'un de ces dessins, représentant *la Vérité descendant des cieux et conduite par la Sagesse*, établit sa réputation. Le gouvernement lui fit exécuter en

ciens avaient seuls le droit d'exposer au Salon, et encore il fallait que préalablement leurs tableaux fussent soumis aux suffrages de leur compagnie.

1. Prud'hon, 1760-1723.

peinture cette composition, pour un plafond de Saint-
Cloud, et lui donna son logement au Louvre.

A présent, si nous observons les individualités
artistiques de *Prud'hon* et de *Greuze*, nous verrons
que, de même que *Greuze* emprunta la grâce au
style Louis XV, sans s'affranchir de l'imitation de la
nature, de même le talent de *Prud'hon* participa
du genre sévère, qui se déclarait de son temps, sans
imiter l'uniformité et la raideur de la nouvelle exécution classique.

En effet, ses compositions sont toujours dramatiques ou pleines de sentiment; ses personnages
marchent, pensent, se meuvent dans une atmosphère
ambiante et sous une couleur vaporeuse, harmonieuse et pleine de poésie.

Réunissant l'exécution peu achevée, libre et facile
de son époque à ses souvenirs des maîtres italiens,
qu'il avait consciencieusement étudiés, *Prud'hon*
ébaucha et peignit par masses sans arrêter de contours; mais comme il possédait la science du dessin,
il trouvait, par des oppositions et sans délinéations,
ses formes et son effet — et même un effet très énergique. Cette manière a produit sa couleur simple
et un peu nuageuse, et ces figures à la fois vagues

et fortement en relief qui contribuent à la poésie
et à l'effet dramatique de ses sujets.

ÉCOLE ROMANTIQUE

Au genre classique et académique de *David* et de
ses disciples succéda, après la révolution de 1830,
ce que l'on a appelé le *romantisme*.

Les peintres académiques, à force de vouloir être
corrects, de vouloir ennoblir la nature, s'en éloi-
gnèrent, et le public resta froid et indifférent devant
leurs productions plus savantes que vraies. — Car
l'homme ayant été formé de la même matière ou
essence que la nature, toutes les productions qui
imitent cette nature ou ont un parfait rapport avec
elle prennent de l'affinité avec nos sens ou nos
sentiments et nous émeuvent ; tandis que les productions qui s'en éloignent sont étrangères à notre
organisation et ne l'impressionnent pas. — Ce syllo-
gisme est plus vrai que prétentieux ; qu'on y réfléchisse.

Après la révolution de 1830, les idées de liberté
et d'indépendance, ayant grandi dans les esprits, se
manifestèrent aussi dans les arts, et une quantité de
peintres s'affranchirent des données de l'école clas-

sique pour se livrer à la seule direction de leur sentiment. Cette pléiade, appelée *romantique*, ne voulut plus suivre uniquement, exclusivement les règles établies : elle voulut peindre d'après sa manière de voir et de sentir.

Alors s'émancipèrent bien des exagérations d'idée, bien des dévergondages d'exécution, bien des compositions et des peintures ridicules. Mais, néanmoins, la nouvelle école remédia à un mal : c'est qu'avec le genre classique, qui emprisonnait despotiquement les artistes dans un cercle uniforme et réglementaire, certains talents pouvaient être contrariés et paralysés, tandis que le romantisme rendait la liberté et son allure propre à la vocation. Car, je l'ai dit et je le répète : les dispositions artistiques sont naturelles et particulières; et il est aussi difficile de forcer — contre son sentiment — un coloriste à être bon dessinateur ou un bon dessinateur à être parfait coloriste, que de faire d'un artiste un bon notaire ou d'un poète un bon négociant.

C'est ainsi que *Géricault*[1], précurseur du *romantisme*, fut jugé incapable à l'atelier de *Guérin* et fit plus tard son *Naufrage de la Méduse,* une des plus

1. Géricault, 1791-1824.

belles peintures dramatiques de notre époque. C'est ainsi qu'*Eugène Delacroix* fit d'énergiques compositions dont la couleur fait pardonner le dessin. C'est ainsi que *Léopold Robert*[1], élève de David, s'est affranchi de la manière académique de son maître pour faire des tableaux, à la fois plus réels et poétiques, représentant *avec beaucoup de noblesse*, mais enfin naturellement, les types, le climat et le caractère de l'Italie. Et *Horace Vernet*[2] a fait des batailles vivantes et animées, en faisant combattre ses soldats — non plus comme des Romains, ni sur les chevaux massifs du temps de *Van der Meulen*, — mais comme des grenadiers, des troupiers, des Arabes et des chasseurs d'Afrique, en reproduisant les mouvements et les effets particuliers aux hommes et aux pays.

Toutefois, il ne faut peut-être pas imiter ces individualités artistiques, parce que leur talent réside dans leur génie, et l'élève n'imite jamais le génie, il n'imite que la manière. De même, lorsque le *romantiste* n'a pas eu ce génie individuel, avec son exécution libre et indépendante, il n'a fait que des peintures criardes, incorrectes, dévergondées ou ridiculement exagérées d'expression.

1. Léopold Robert, 1794-1835.
2. Horace Vernet, 1789-1863.

ÉCOLE RÉALISTE

A présent, je ne parlerai pas des peintres qui ont persévéré dans le genre classique, car l'influence du romantisme a détruit ou fortement modifié leur école (ce qui du reste a peut-être été son plus grand bienfait de forcer les artistes, qui *savaient peindre,* à perdre de leur magistrale raideur pour rendre la passion vraie et la simple nature) ; mais il y a un nouveau genre qui poind à l'horizon, c'est le *réalisme.* En effet, de même que l'époque de foi religieuse et de poésie a produit l'idéalisme ; de même, notre époque matérielle et positive a produit le réalisme.

Cependant, là n'est pas la destinée et la véritable mission de la peinture contemporaine. Le *réalisme* est bon en ce qu'il imite la nature ; mais lorsqu'il affecte de l'imiter dans ce qu'elle a de mal, de laid, de commun ou d'insignifiant, il singe en grand l'école hollandaise sans avoir le mérite de son exécution.

Copier la nature au hasard, imiter naïvement un chaudron, un dormeur, un homme et une femme qui sont assis et ne se disent rien, cela peut offrir de l'intérêt dans les petits tableaux, chefs-d'œuvre de fini et de patience des Hollandais ; mais la grande peinture doit avoir une tout autre importance. Elle doit être un livre, sinon toujours instructif, au moins toujours intéressant ; un livre, non pas fermé, mais ouvert et qu'on puisse lire d'un seul coup d'œil sans tourner les feuillets.

La mission, la destinée de l'art moderne — à notre époque politique et sociale — n'est pas de rechercher exclusivement, comme les anciens, la perfection des formes humaines ou l'imitation des faces insignifiantes de la société ou de la nature ; c'est d'étudier la forme et la nature pour se servir de cet acquit, comme procédé, comme langage, afin de traduire les sentiments humains : nos joies, nos douleurs et nos espérances. En un mot, l'idée doit être aidée de l'exécution, mais elle doit la dominer en tout et partout ; parce que, aujourd'hui, l'on vit plus par la pensée et par l'intelligence qu'à aucune autre époque, et pour intéresser le public, il faut des peintures qui — s'il m'est permis de m'exprimer ainsi — pensent, éprouvent et fassent éprouver. Aussi, de même que lorsqu'on s'adresse à la pensée, aux passions et aux impressions morales des hommes, le langage trivial ou oiseux doit être banni ;

pour arriver en peinture à ce but noble et utile, l'on doit adopter des sujets instructifs, moraux et élevés.

Un grand artiste (élève perfectionné de Guérin) a déjà indiqué cette tendance, donné cette impulsion morale par ses peintures toutes de sentiment et aussi pleines de philosophie que de poésie : c'est *Ary Cheffer*. Et, si cette impulsion n'a pu encore s'accentuer d'une manière assez frappante, c'est que l'exemple, tout bon qu'il soit, est difficile à suivre et que l'intention et l'étude ne suffisent pas. Mais la semence est jetée, l'esprit et la chaleur du siècle la feront germer.

D'après ce que nous venons de dire, il est évident que la peinture subit les influences contemporaines; et cela est si vrai que, dans chaque pays, elle a toujours représenté l'esprit ou le caractère de son époque.

Ainsi, l'*art grec et romain* n'a reproduit que des gladiadeurs, des combats, des dieux et des héros.

L'*École byzantine* représente la raideur et la convention systématique des controversistes et des théologiens schismatiques de Constantinople. De même que l'*École espagnole* rappelle la dévotion ascétique ou la piété ardente de l'Inquisition.

Les naïves peintures du *Pérugin* retracent la piété fervente et contemplative de la foi primitive.

Plus tard, les vierges de *Raphaël* ont toujours des expressions divines, mais avec des formes moins mystiques, plus humaines et réelles.

Les *Vénitiens* et le *Caravage,* s'éloignant déjà de la foi religieuse, s'attachent aux impressions extérieures ou énergiques, au brillant et aux agréments de la nature humaine.

Les *Flamands* peignent des vierges plus matérielles que divines, semblables aux Flamandes qu'ils ont sous les yeux. Car c'est, d'une part, l'apothéose de la chair avec *Rubens* et, de l'autre, la glorification de l'orgie et des scènes communes avec *Téniers.*

Les peintures *hollandaises*, industrieusement travaillées, froidement combinées, raisonnées, représentent l'esprit calme, sérieux et commercial de ces pays du Nord.

En France, la peinture *du temps de Louis XIV,* avec ses grands airs nobles, retraçant des épopées glorieuses ou de somptueuses décorations mythologiques, rappelle une époque de courtisans, de luxe et de grandeur olympienne et despotique. De même que l'art gracieux, fantaisiste et licencieux du règne *de Louis XV* indique la corruption et la légèreté du siècle.

Puis, le retour au genre *grec et romain*, la reproduction, le choix presque exclusif des actions patriotiques et des scènes héroïques, tinrent à l'influence de la République et de l'Empire.

La peinture *romantique*, libre et indépendante dans ses allures et son exécution, manifesta les idées proclamées par la révolution de 1830.

Et *aujourd'hui* (époque de scepticisme et de liberté dans les idées et dans les actions, avec un manque général de foi religieuse), les tableaux de sainteté disparaissent de nos expositions ou y font tache au milieu d'un salmis de peintures de tout genre, qui s'adressent à tous les goûts, mais n'affirment aucune conviction, aucun ensemble de vues artistiques ni sociales.

Il y a bien la peinture *réaliste* qui se fait jour; mais, — nous l'avons dit, — pour qu'elle soit en rapport avec l'époque, pour qu'elle se soutienne, il faut qu'elle s'épure et se perfectionne par l'idée et par le sentiment. Ces qualités lui manquent encore.

SCULPTURE ET STATUAIRE

Paul, dans son enfance, avait eu à la campagne un petit ami qui, tout en se plaisant en sa société et à ses jeux, ne montrait pas le même caractère ni les mêmes goûts que lui. C'était Marcel.

En effet, tandis que Paul regardait souvent le ciel avec intérêt, avec admiration, en s'égayant de la course des nuages poussés par le vent ou de leurs brillantes couleurs sous le soleil, ou bien des effets différents que produisait leur ombre sur la terre; pendant ce temps-là, Marcel lui tournait le dos et s'amusait à pétrir de la terre mouillée pour en faire des gobilles ou des babouins.

Plus tard, après s'être séparés pour faire leur éducation, ils se rencontrèrent fortuitement dans le monde : l'un était devenu peintre, l'autre sculpteur. Et (chose singulière !) ils se reconnurent, précisément en discutant ensemble sur les difficultés et la différence de leurs arts.

« La statuaire est plus difficile que la peinture,

disait l'un, parce qu'une statue est faite en saillie, en ronde bosse, et qu'elle doit être vue et travaillée de tous les côtés.

— Oui, disait l'autre ; mais lorsque vous modelez vos figures, en plaçant, en ajoutant des boulettes de terre glaise, vous êtes sûr d'obtenir une avance, une saillie ; tandis que la couleur que l'on met sur la toile ne produit rien, si on ne l'a auparavant préparée, essayée et raisonnée. Elle pourrait même produire l'effet d'un creux.

— Mais le sculpteur aussi a besoin de calculer et de raisonner en plaçant ses boulettes de terre.

— Certainement. Mais, sans qu'il raisonne, ses boulettes apportent déjà une épaisseur ; tandis que le peintre, sans calculer d'avance la couleur et l'opposition, n'obtient rien, obtient moins que rien. »

Mais voyons, par nous-même, lequel a raison des deux. Et pour cela, comme nous n'avons encore étudié que la peinture, il faut, à présent, nous rendre compte de la sculpture.

Vous vous tromperiez beaucoup, mes jeunes amis, si vous croyiez que tous les sculpteurs sculptent. Si vous le croyez, désabusez-vous, car il n'en est pas ainsi. L'on peut être sculpteur sans savoir tailler la pierre ou le marbre.

Pour faire une statue, on la construit d'abord
avec de la terre glaise, qui se pétrit aisément, et
avec laquelle on peut grossir, diminuer et modifier
les parties défectueuses ou incorrectes. Puis un
mouleur en fait le moule, et vous rend une reproduction exacte *en plâtre* sur laquelle vous terminez
certains détails. Ensuite, un *ouvrier praticien,* à
l'aide de nombreux mesurages, reproduit exactement
votre statue en pierre ou en marbre; et voilà comment vous pouvez être sculpteur sans vous marteler
les doigts.

MODELAGE EN TERRE

Pour commencer à nous rendre compte de tout
cela, entrons d'abord chez un sculpteur.

Son atelier est construit et éclairé comme celui des
peintres, à l'exception qu'il est situé au rez-de-
chaussée, à cause de la pesanteur de ses travaux. Il
n'est pas orné, comme celui du peintre, de nombreuses esquisses et de pochades, de draperies variées de couleur et de chevalets soutenant des
tableaux; mais il est garni de nombreuses maquettes
(figurines en terre) de différentes grandeurs, soutenant des draperies de mousseline blanche épinglées

sur elles, et de plusieurs bustes en marbre ou en plâtre. Au fond, il y a deux ou trois grandes statues sur des socles carrés et mobiles, et en avant, les commencements informes d'une statuette reposent sur une *selle*. La selle est le chevalet du sculpteur. Elle se compose ou de forts madriers, assujettis ensemble, pour les grands ouvrages ; ou d'un trépied, qui supporte une planchette tournant sur un pivot, pour les petits, ce qui permet de faire tourner et de voir son travail de tous les côtés sans changer soi-même de place.

Notre sculpteur a une figure artistique comme celle d'un peintre, mais elle est peut-être moins fatiguée, moins nerveuse ; et, au lieu d'une barbe pointue, il porte une longue barbe patriarcale (comme *Rude*). Après qu'il nous a fait asseoir sur son divan, qui est placé au bas d'un grand vitrage, on entend frapper à la porte. Il crie : « Entrez! » C'est le modèle qu'il attendait; celui-ci prend la pose qu'on lui indique.

Alors notre ami le sculpteur saisit un pain carré de terre à modeler : « C'est, nous dit-il, de l'argile battue et pétrie avec de l'eau, jusqu'à ce qu'elle forme une pâte très fine et très molle, » et il en détache des quartiers plus ou moins gros qu'il applique sur une petite charpente en bois, laquelle charpente il a établie lui-même sur sa *selle* pour soutenir son travail humide et sans grande consistance. (Cette charpente, appelée *armature,* se construit en fer pour les grands travaux.)

Après, lorsqu'il a bâti avec cette argile les commencements de sa statuette, lorsqu'il a obtenu la grande masse, les formes principales, il prend des morceaux de terre dont il fait des boulettes plus ou moins grosses, et il les place avec les doigts le plus possible dans le sens et dans la forme des muscles ou des traits de son modèle. Puis, en ajoutant ainsi de nouvelles boulettes les unes sur les autres, des petites sur des grosses, et en les soudant, en les fondant, en les travaillant adroitement avec le pouce et l'index, il arrive à donner la forme, le modelé et à faire une figure parfaite.

Par moments, lorsque ses doigts ne peuvent retracer certains détails, soit pour les yeux, les trous du nez, des oreilles, ou pour l'expression de la bouche, il s'aide d'un *ébauchoir,* petite baguette en buis poli, pointue et recourbée d'un côté et arrondie de l'autre. On bien, pour creuser, évider, enlever des épaisseurs d'argile, il se sert encore d'une *ripe,* qui est un petit outil de fer terminé par une lame aplatie et à

9.

dents plus ou moins larges. Cette ripe dentelée fait très bien pour tracer les cheveux et pour produire sur le terrain ou sur les draperies un contraste avec le poli des chairs.

Ainsi, avec ces deux ou trois outils, ses doigts et de l'argile, on peut modeler et imiter toutes choses ; et c'est le cas de dire que *ce qui se conçoit bien s'exprime aisément* ou plutôt *simplement*. Mais pour bien concevoir, en fait d'art, il faut être artiste ; et n'oublions pas toute l'observation, tout le raisonnement, — en plus de l'inspiration, — qui sont nécessaires pour faire le véritable artiste...

Probablement par égard pour nous, notre hôte ne prolonge pas beaucoup la séance ce jour-là, et, lorsqu'il cesse son travail, il l'enveloppe avec précaution de plusieurs linges mouillés, afin que la terre ne durcisse pas. En été, lorsqu'elle sèche malgré lui, il nous montre comment il la ramollit à la surface : il emplit sa bouche d'eau, serre les lèvres, souffle fortement, et envoie sur sa statuette un brouillard humide comme une pluie fine ; et, comme il fait précisément du soleil en ce moment, cela nous donne, en petit, le spectacle de l'arc-en-ciel.

De même il nous apprend que, lorsqu'on veut conserver bien intactes ces *sculptures en argile* qui rappellent plus que toutes les autres le sentiment, l'expression et la manière de faire de l'artiste, on les fait cuire dans des fours particuliers, et elles deviennent ce que l'on appelle des *terres cuites*. Seulement, il faut avoir la précaution de les faire sécher lentement, à l'ombre, afin qu'elles ne se crevassent pas ; et ne pas oublier de retirer l'*armature* de bois ou de fer qui les soutenait et dont elles peuvent se passer en durcissant, parce que l'argile se retire en séchant et en cuisant (à peu près d'un septième) ; et si, dans son retrait, elle rencontre un obstacle, quelque opposition, elle se fend, et le travail est perdu ou gâté.

MOULAGE EN PLATRE

Le sculpteur à longue barbe, voyant que nous nous intéressions vivement à son art, nous engagea à venir voir mouler sa statuette lorsqu'elle serait achevée. Nous acceptâmes avec plaisir ; il nous fit prévenir à temps, et nous revînmes.

Lorsque nous entrâmes dans son atelier, il était absent, et nous fûmes reçus par le mouleur, qui faisait ses préparatifs. C'était un Italien d'une taille moyenne, déjà âgé, ayant d'épais sourcils noirs, des poils grisonnants dans la barbe et des traits assez réguliers, mais le nez beaucoup trop barbouillé de tabac... ce qui ne semblait pas convenir pour un homme qui travaillait sur le plâtre. En revanche, ses mains et ses vêtements étaient tout blanchis de cette dernière poudre.

Lorsque nous lui eûmes dit la raison de notre visite, il nous fit beaucoup de politesses, voulut nous faire asseoir, nous indiqua une place où nous ne serions pas exposés aux éclaboussures du plâtre, qui pourraient nous salir; et, en disant cela, il nous prit par le bras pour nous y conduire, et imprima en blanc ses cinq doigts sur notre manche d'habit...

Après, il découvrit la statuette placée sur la *selle*. Elle était toujours humide, mais sa superficie offrait une certaine résistance. Il appliqua dessus du haut en bas, en choisissant les endroits, une bande, une cloison étroite d'argile molle, qui la divisa en deux parties; puis il gâcha du plâtre dans un baquet. Il le tint très liquide et, avant qu'il fût entièrement coagulé, il en jeta avec un large pinceau sur tout un côté de la statuette, en ayant soin qu'il pénétrât bien partout. Puis, après avoir appliqué ainsi plusieurs couches, il gâcha encore du plâtre en le tenant moins clair, et il en fit une épaisse enveloppe à la statuette.

Ensuite, il enleva avec précaution la bande séparative qu'il avait mise, la cloison de terre glaise; il fit, en tournant la pointe d'un couteau, quelques creux ronds sur l'épaisseur du plâtre, en guise de mortaises; il huila ce bord et ces creux pour empêcher le nouveau plâtre de s'y coller, et il recouvrit de plâtre gâché et de la même manière que la première fois la seconde partie de la statuette.

Lorsqu'il eut fini et que ce plâtre fut bien ferme, il ouvrit le moule. Alors la terre molle resta déchiquetée dans l'une et l'autre enveloppe, et il l'en retira aisément par morceaux.

Plus tard, quand ce moule nettoyé et lavé fut bien sec, il le frotta abondamment d'huile à l'intérieur avec un pinceau, il rejoignit exactement les deux enveloppes, les lia solidement ensemble avec des cordes et coula dedans, — par la partie inférieure, — du plâtre très blanc et très pur. Ce coulage intérieur, ordinairement massif, donne la reproduction *en plâtre* de l'ouvrage que le sculpteur a modelé *en argile*. Et c'est cette épreuve, sur laquelle il met encore les dernières finesses, qui sert de modèle à l'ouvrier praticien qui doit la reproduire en marbre.

Lorsque le mouleur italien eut achevé ces différentes opérations (que je lui fais faire toutes le même
jour, à cause de vous, mais qui ne s'exécutent pas
ainsi coup sur coup), il s'essuya le front avec son
tablier à moitié crépi, et nous dit triomphalement :
« *E fato, signori!*

— Comment, répondîmes-nous, ce n'est pas fini,
puisque l'épreuve est encore dans le moule. Et
comment l'en faire sortir, à présent que le plâtre
s'est durci ?

— Ah! ah! continua-t-il, avec la même satisfaction. Vous allez voir. »

En disant cela, il prit un marteau et un ciseau de
fer et se mit à casser le moule, petit morceau par
petit morceau. Et, à mesure qu'il en détachait des
fragments, la statuette apparaissait dessous lisse et
intacte.

« Cela est le moulage à *creux perdu,* signori. On
sacrifie le moule pour avoir l'épreuve. Mais, de cette
manière, on n'en a jamais qu'une seule ; et quand on
veut en avoir plusieurs, il faut faire un moule *à bon
creux.*

« Celui-ci se compose d'une infinité de morceaux,
suivant la forme et la difficulté de l'objet. Ils sont établis de manière qu'on puisse les enlever sans briser

ni endommager aucune partie de l'épreuve ; ils se réunissent tous ensemble à l'aide de repères, et sont maintenus dans une enveloppe, également en plâtre, qu'on appelle une *chappe*. Et, pour certaines parties trop délicates et fragiles, on emploie pour les mouler un mastic qui est doux et élastique, et non cassant comme le plâtre[1]. Lorsqu'il y a un bras étendu ou quelques parties trop saillantes, on les scie, on les détache pour les mouler à part, et ensuite on les soude sur chaque épreuve en effaçant les bavures.

« Voilà, signori, ce que c'est que le moulage *à bon creux*.

— Très bien ; nous comprenons parfaitement. Mais comment vous y prenez-vous pour mouler sur nature ?

— Eh ! signori, j'ai encore ici de l'eau et du plâtre ; relevez vos manches et je vais vous faire voir ça. »

Aussitôt le mouleur nous fit poser nos deux mains réunies sur la table ; il voulut d'abord les frotter d'huile, mais, pour ne pas nous salir, il se ravisa et les frotta seulement avec de l'eau de savon. Après

1. Ce mastic se compose de 4 livres de plâtre tamisé, de 1 livre de cire et de 1 livre d'arcanson ou résine cuite.

il étendit dessus et dessous un fil assez fort, et recouvrit le tout de plâtre gâché, — la première couche claire et la seconde plus épaisse. Puis, le plâtre étant à demi coagulé, il tendit et retira les fils qui coupèrent le moule en deux, sans le déranger ; et, quand tout fut sec, il ouvrit ce moule en deux pièces et nous dégageâmes facilement nos mains.

Alors il l'enduisit intérieurement d'huile, le referma, le tint lié avec une ficelle, et coula dedans une nouvelle *gâchée* de plâtre. Puis, quelque temps après, il brisa le moule, et nous montra nos mains parfaitement représentées avec les plis, les pores et tous les détails.

Pour mouler la figure, *faire le masque,* il nous dit qu'on plaçait deux petits chalumeaux creux dans les trous du nez, afin qu'on puisse respirer pendant l'opération, et qu'il fallait opérer de même, mais le plus promptement possible ; car, si l'envie de rire ou de remuer ou la peur s'emparent du patient, le plâtre éclate et saute au visage de l'opérateur !... Cela se voit souvent, et c'est lui qui est masqué...

SCULPTURE DU MARBRE

Si ce que nous venons d'apercevoir des premiers travaux de la sculpture vous donne envie d'en apprendre davantage, allons jusqu'à la fin. En suivant la statuette que nous avons vu commencer en argile, nous verrons comment on peut la reproduire en marbre.

Pour cela, il nous faut visiter les ateliers des *praticiens*, c'est-à-dire des ouvriers qui taillent la pierre et le marbre.

Ces ateliers ne sont plus ornés et élégants comme ceux que nous avons visités précédemment; ce sont des espèces de chantiers. D'abord, nous rencontrons une grande cour qui est encombrée de blocs énormes de pierre et de chariots sur lesquels sont de gros quartiers de marbre. Après l'avoir traversée, nous arrivons à un hangar où de simples cloisons en briques et en planches forment plusieurs ateliers. Dans l'un se taille une statue, dans un autre s'ébauchent de grands ornements, le plus près contient des bustes et notre statuette. Nous entrons dans celui-ci.

Là, nous ne trouvons ni tentures ni divan; il n'y a

qu'un tabouret pour le *praticien* et de nombreux éclats de marbre qui jonchent le sol; aussi nous assistons debout à son travail, bien qu'il nous ait poliment offert son unique siège. Chaque buste de marbre a, à côté de lui, son modèle en plâtre tout tacheté de points noirs mis au crayon. Ce sont des marques, et nous allons voir leur utilité.

Pour reproduire en marbre une figure, un buste, on trace sur le modèle en plâtre deux ou trois marques; on les répète pareillement sur le bloc de marbre, en observant bien les mêmes places, et cela sert de base. En partant de cette base, avec un compas fait exprès, on mesure sur le modèle les principaux angles, les plus fortes saillies, et on les marque de même sur le marbre. On dégrossit alors le bloc, on enlève les parties superflues, et l'on arrive à une ébauche anguleuse, ce qui s'appelle *épanneler*. Lorsqu'on a obtenu ainsi les principaux plans, on continue de même en rapprochant de plus en plus les points sur le modèle et sur la copie; et on taille les plans toujours d'une aspérité d'angle à une autre, sans se préoccuper des détails.

On mesure les épaisseurs avec un compas recourbé ou d'*épaisseur,* et les profondeurs et les distances avec un compas à trois pointes. A la liaison des trois tiges de ce compas est un trou, dans lequel glisse une sonde que l'on arrête à volonté avec une virole. Lorsqu'on veut s'en servir, on place les trois pointes sur trois points déjà fixés sur le modèle, on fait couler la sonde jusqu'à ce qu'elle touche la saillie ou la profondeur que l'on veut mesurer ; puis on reporte le compas sur trois points également fixés sur la copie, et l'élévation ou la descente de la sonde indique la quantité de marbre qu'il faut enlever ou laisser. Ces opérations s'appellent *mettre aux points.*

De cette manière, on arrive à imiter exactement le modèle ; et lorsque toutes les formes sont obtenues, — ce que l'on nomme *approcher,* — on travaille le marbre avec des râpes d'acier aplaties, rondes, pointues et effilées. Et, pour finir, on lisse avec de la pierre ponce ; ou bien on frotte avec des morceaux de grès très fin, humectés d'eau, que l'on a aiguisés dans la forme des parties que l'on veut terminer.

Pour tailler la pierre et le marbre, on se sert de pointes et d'un maillet de fer, de ciseaux d'acier et de grenadines, qui sont des ciseaux à dents plus ou moins grosses ou plus ou moins émoussées. Et, pour creuser certains trous, on emploie des forets mis en mouvement, soit par le *violon,* soit par le *trépan.*

Les *praticiens* emploient encore pour *mettre aux points* divers instruments qu'ils imaginent souvent eux-mêmes, et qu'il serait superflu et difficile de vous décrire. Je vous apprendrai seulement que, pour les grandes reproductions et les statues, ils s'aident généralement d'un châssis carré qu'ils placent sur le modèle. Ce châssis est divisé en plusieurs parties égales et numérotées; un châssis exactement pareil est placé sur le bloc; et, par la comparaison et le rapport des lignes et des mêmes divisions, ils arrivent à établir la place et la hauteur des grandes masses. L'on conçoit aisément qu'en doublant ou diminuant les divisions du châssis qui régularise la copie, on peut la reproduire plus petite ou plus grande que le modèle, sans altérer ses proportions relatives.

A présent, mes amis, si vous voulez connaître la qualité et la variété des marbres, je vous dirai que tous les marbres du monde se distinguent en trois espèces: celui d'*une seule couleur*, le blanc. Le *panaché*, qui est plus ou moins veiné et que l'on trouve coloré de toutes les nuances. Et le marbre *figuré*, qui présente à sa surface des apparences d'arbrisseaux, des dessins de villes, de châteaux, de ruines ou de montagnes.

L'industrie emploie tous ces marbres pour orner les édifices ; mais le seul qui convienne à la statuaire est le marbre d'*une seule couleur*.

Il y a de nombreuses carrières de ce dernier ; mais le meilleur et le plus pur en ce genre est celui de Paros et d'Antiparos, en Grèce, qui est aussi fin que l'albâtre. La demi-transparence qu'il offre est due à la finesse de sa pâte et à l'espèce de cristallisation qu'il a subie dans l'eau. Les carrières de l'île de Paros ont fourni la matière des plus belles statues de l'antiquité ; comme celles du mont Pentélique, près d'Athènes, ont fourni leurs riches matériaux à l'architecture.

Les marbres le plus employés aujourd'hui sont ceux de Carrare, en Italie. Il y a là des blocs superbes, ne présentant aucun mélange, aucune veine, aucune matière terreuse. Aussi, un très grand nombre de sculpteurs (praticiens) sont établis à Carrare, et c'est de leurs ateliers que sortent presque toutes les copies des statues antiques.

Cependant en France, notamment dans les Hautes-Pyrénées, on trouve également de beau marbre blanc, propre à la statuaire ; et si l'on faisait des fouilles profondes, peut-être serions-nous assez riches pour n'avoir pas besoin de tirer nos ressources des marbrières de l'Italie. Toutefois, nos marbres sont généralement très durs et assez difficiles à travailler. Mais, avec quelques précautions, ce défaut deviendrait un avantage, puisque, une fois le travail fait, nos sculptures résisteraient mieux et plus longtemps à l'influence de l'air.

FONTE EN BRONZE DES STATUES

Notre aimable sculpteur, devenant de plus en plus notre ami, nous fit assister à la fonte d'une statue équestre, et nous en expliqua les différentes opérations [1].

Pour couler une statue en bronze, il y a deux manières : on emploie un moule en *sable* ou un moule en *potée*, composition de terre sablonneuse et de crottin de cheval.

Le moule en *potée*, que l'on fait ordinairement pour les grands ouvrages et les statues équestres, demande beaucoup plus de préparation et de travail que celui en sable. Le modèle en plâtre, fait par le sculpteur et le mouleur, ne suffit pas; il faut une répétition en

1. L'on sait que le bronze est un alliage de cuivre, de zinc et d'étain. L'airain est également du cuivre jaune allié avec de l'étain, mais alors l'étain est en plus grande proportion que dans le bronze.

cire qui ne s'obtient que dans un moule à *bon creux,* c'est-à-dire en plusieurs pièces.

Lorsqu'on a fait ce moule à bon creux, on ne l'assemble pas entièrement d'avance pour y couler la cire ensuite, — comme on le fait pour les statuettes, — on ne le réunit que progressivement, par parties, de manière qu'on puisse à mesure estamper, repousser la cire ; ce qu'il faut faire avec beaucoup de soin et de précaution, et en lui donnant l'épaisseur qui conviendra pour le bronze qui doit la remplacer.

L'intérieur de cet estampage, de cette statue de cire, maintenue extérieurement par son moule, est rempli par un mortier fait avec de la brique pilée et du plâtre. Il durcit en séchant, et c'est ce que l'on appelle le *noyau* du moule.

Lorsque ce mortier est sec, on enlève le moule à *bon creux* et l'on découvre entièrement la statue de cire, qui reste supportée sur son noyau. Alors le sculpteur met la dernière main à son travail, retouche les détails où il en est besoin, efface les bavures, et soude à leur place certaines parties saillantes qui ont quelquefois été détachées et moulées à part.

La statue entièrement réparée, il reste à faire le moule de *potée* qui doit recevoir le bronze en fusion.

La *potée* est, comme nous l'avons dit, une composition de terre sablonneuse et de crottin de cheval que l'on fait sécher, que l'on mêle ensemble, que l'on réduit en poussière et que l'on passe au tamis. Ce mélange ainsi préparé, on le rend liquide et l'on en met adroitement avec un pinceau des couches sur la statue de cire. On laisse sécher chaque couche avant d'y revenir, et il en faut un très grand nombre pour obtenir une certaine épaisseur. Lorsqu'on l'a obtenue, avec de la *potée* de plus en plus épaisse et en se servant d'une truelle, on recouvre les premières couches, et l'on forme un moule d'une seule pièce, épais de quinze à vingt centimètres. Bien plus, on le consolide encore en l'entourant de fortes bandes de fer.

En appliquant la *potée*, on a eu soin de placer de distance en distance sur la statue des cylindres de cire, qui doivent ménager des trous dans le moule. Ces trous sont destinés, les uns à donner passage au métal en fusion et les autres à donner passage à l'air chauffé, qui pourrait empêcher le moule de s'emplir ou le faire éclater. Les premiers se nomment des *jets* et les seconds des *évents*.

Ce moule en *potée*, qui doit être cuit pour résister à l'opération du coulage, a été placé dans une fosse disposée à cet effet. On le chauffe donc graduellement, et le premier résultat que l'on obtient est de faire fondre et sortir la cire qui occupe la place que doit remplir le bronze : elle s'écoule dans des réservoirs par des conduits appelés *tire-cire*. Ensuite, on chauffe de plus en plus, et la cuisson de la *potée* demande cinq, six ou sept jours, suivant son épaisseur. Cette composition, une fois cuite, peut résister à la plus forte chaleur.

Alors on procède à la fonte, et c'est là que se concentrent le plus grand danger de l'opération, le plus grand intérêt du spectacle et toute l'anxiété du sculpteur. En effet, une imprudence, un manque de précaution, le moindre accident peut tout compromettre.

Voici l'effet qui se produit :

Le fourneau, rempli du métal en fusion, est en face du moule sur lequel on a établi un *écheno* ou rigole en maçonnerie qui correspond, d'un côté, avec les *jets*, et de l'autre avec la gueule du fourneau. Lorsque tout est prêt, — matière, ouvriers et spectateurs, — on arrache le tampon du fourneau à l'aide d'une chaîne de fer, le métal en fusion sort, roule dans l'écheno comme une lave bouillante et enflammée, faisant une sourde crépitation ; puis il pénètre dans le moule par les *jets*, le remplit, rejette par les *évents* une fumée blanche et des gerbes de feu bleues et vertes; puis, quand tout est plein, le bruit et l'agitation cessent, et il ne reste au-dessus et autour de ce travail émouvant qu'une vapeur épaisse et brûlante.

Cette délicate et dangereuse opération faite, et le métal étant bien refroidi, on n'a plus qu'à briser et à démolir le moule et le noyau, ce qui demande encore beaucoup de peine et de précaution.

Ensuite, des ouvriers ciseleurs coupent le métal inutile qui s'est coulé à la place des jets et des évents, font disparaître les rugosités, réparent certains contours, certains détails, cisèlent les ornements, ajoutent et assujettissent quelquefois des armes détachées; et, s'il n'y a pas eu d'accident dans la fonte, tels que des lacunes, des trous, des manques d'épaisseur, la statue est réussie, et il n'y a plus qu'à la mettre en place sur son piédestal.

La couleur naturelle du bronze est jaune rougeâtre, et on lui donne la teinte artistique des statues au moyen d'un vernis qui s'imprègne et se sèche à l'étuve.

Les moules en sable se font le plus souvent pour les petits ouvrages et pour les bas-reliefs, et voici comment :

Il faut avoir du sable bien fin et bien égal, que l'on passe au tamis et que l'on humecte. (Le sable que l'on tire de Fontenay-aux-Roses est le meilleur, parce qu'il est très fin, très gras et compact.) Sur le modèle en plâtre, retouché et définitivement réparé par le sculpteur, on fait un moule en plusieurs pièces. Pour cela, à l'aide de ses mains et d'un pilon de bois, on tasse du sable d'abord sur une partie en garantissant les autres, ensuite sur la partie voisine et successivement aussi sur tout le modèle. Tous ces fragments de moule, — se joignant exactement, mais sans adhérence entre eux (grâce à de la poussière de charbon dont on a soin de les saupoudrer), — tous ces fragments, dis-je, sont détachés les uns des autres, et le sable qui les forme est contenu et maintenu dans des châssis de fer.

Ce travail s'exécute, — quant à la disposition des pièces, — à peu près comme les moules en plusieurs parties ou à *bon creux* des mouleurs en plâtre. Toutefois, la matière et la manière de l'employer sont différentes.

Quand un moule à *bon creux* est ainsi fait, on le démonte pour enlever le modèle en plâtre qui a servi à le faire; puis, on réunit de nouveau entre elles toutes ces parties, qu'on a eu soin de numéroter, et, lorsque le moule est assemblé et reconstruit en entier, on l'assujettit solidement. Alors on le remplit à l'intérieur de sable fin que l'on y tasse avec un pilon, et, lorsque ce remplissage est fait et bien battu, on enlève de nouveau chaque pièce du moule.

On obtient ainsi une statue en sable tassé, qui doit former et s'appelle le *noyau* du moule. On gratte cette statue de sable et on lui enlève, sur toute sa surface, l'épaisseur que l'on veut donner au bronze ; car l'on comprend bien que le vide qui existera entre ce noyau et le moule sera rempli par le métal.

Cela fait, on rétablit pièce à pièce le moule sur ce noyau ainsi diminué ; on assujettit solidement l'un et l'autre à sa distance respective, à l'aide de fortes traverses et d'armatures de fer ; on l'entoure, suivant sa grandeur, d'appuis en maçonnerie ; et l'on y fait arriver le métal en fusion par un écheno, — comme nous l'avons expliqué tout à l'heure. Quelquefois, pour les statues de moyenne grandeur, en se servant d'une grue ou potence tournante, on enlève du fourneau le creuset même qui contient le bronze liquide, et on le transporte ainsi jusqu'à l'orifice du moule dans lequel on le verse. Alors, de cette fournaise rouge et mouvante, on voit sortir une lave presque blanche qui, au contact du sable, jette des flammes bleues et vertes.

Les moules en *sable* sont plus avantageux que les moules en *potée*, parce qu'ils demandent moins de travail, moins de temps pour les établir, et qu'ils n'ont pas besoin d'être cuits pour recevoir la matière en fusion. Mais ils n'offrent pas autant de solidité, autant de garantie pour les grands travaux, et pour les couler d'un seul jet.

10.

HISTOIRE DE LA SCULPTURE

De même que la peinture, la sculpture, depuis son origine, a eu sa marche artistique, tantôt progressive, tantôt interrompue ou rétrograde ; mais, comme elle a toujours été plus ou moins liée à l'architecture, nous l'examinerons tout à l'heure avec elle. Néanmoins, nous pouvons dès à présent distinguer dans la statuaire quatre âges, ou plutôt quatre époques, où elle a présenté des perfections, des types et des caractères différents.

On peut scinder ces quatre âges en : époque *égyptienne,* époque *grecque,* époque *romaine,* ancienne et moderne, et époque *française.*

SCULPTURE ÉGYPTIENNE

La sculpture des Égyptiens caractérise l'enfance et l'ignorance de l'art ; car leurs statues ne sont que des figures bizarres et mal faites, sculptées ou plutôt ébauchées dans d'énormes blocs de pierre ; ou bien

SCULPTURE ÉGYPTIENNE.

des sphinx de granit, placés sur des piédestaux en avant de leurs palais et de leurs tombeaux. Toutes, elles offrent à peu près les mêmes poses, et la différence réside surtout dans la grandeur. Ce sont des hommes nus, en marche, souvent affublés d'une tête d'épervier ; et des figures de rois ou de dieux symétriquement assises dans un siège massif, avec une raideur anguleuse, la tête droite et les deux mains parallèlement collées sur les genoux.

Cependant, lorsque l'Égypte fut sous la domination des Grecs, ses statues devinrent plus correctes, du moins quant aux traits du visage, car elles restèrent toujours invariablement encadrées dans cette unique coiffure égyptienne, formant diadème sur le front, passant derrière les oreilles, et retombant en s'élargissant jusque sur les épaules et sous le menton.

Du reste, pour comprendre ce manque d'invention et de perfection, il est utile de s'initier aux mœurs religieuses et sociales de l'Égypte.

La théogonie des Égyptiens reposait sur deux principes : le principe lumineux et celui des ténèbres. Le premier était représenté : par *Phta* ou par *Osiris :* le feu et le soleil ; et le second, par *Thot* ou par *Sérapis :* dieux des ténèbres, et par *Isis :* la lune, déesse de la nuit.

Trois classes héréditaires et infranchissables composaient la nation : celle des prêtres, celle des militaires et celle des plébéiens. La caste des prêtres, — qui fournissait des rois lorsqu'une dynastie s'éteignait, — avait établi l'unité religieuse sur l'*imitation de l'ordre existant dans la nature ;* et ces prêtres coopéraient, suivant leur hiérarchie, au fonctionnement de la machine gouvernementale, comme les corps et les phénomènes célestes concourent, dans leur spécialité, au mouvement de l'univers. Sur le modèle des *douze signes du Zodiaque,* ils formaient douze assemblées, lesquelles dirigeaient douze *nomes* ou préfectures, qui partageaient et comprenaient tout l'empire. Et ces douze assemblées sacerdotales relevaient de quatre grands ministères, *rappelant les quatre saisons ;* ils étaient établis à Memphis, à Thèbes, à Saïs et à Héliopolis.

La classe des militaires comprenait toutes les familles guerrières, héréditairement chargées de la défense de l'Égypte, et désignées sous les noms de *Calasyries* ou *Hermotybies.* Et la classe des plébéiens se composait de tous les artisans et des laboureurs.

L'on conçoit que ce système d'unité et d'immuabilité, fanatiquement ou despotiquement basé sur les phénomènes invariables de la nature, dût imprimer un caractère d'immobilité à l'art qui reproduisait les symboles ou les formes extérieures de la religion. Et de là est résulté ce manque d'invention et de perfection dans la sculpture égyptienne.

Cependant, malgré cette absence de qualités vraiment artistiques, malgré son exécution matérielle et uniforme, la sculpture des Égyptiens a présenté un aspect monumental, grandiose et imposant.

On peut s'en faire l'idée par la relation d'un savant voyageur qui décrit ainsi un de leurs nombreux temples religieux, aujourd'hui encore debout : « Le temple d'*Ipsamboul* présente une façade de cent dix-sept pieds de largeur sur quatre-vingt-huit de hauteur. Elle est précédée de quatre figures colossales, assises, et formées chacune d'un seul bloc de pierre de soixante et un pieds de haut. Vingt et une statues de singes éthiopiens sont comprises dans les ornements accessoires de cette façade. Il y a intérieurement dix-sept salles, dont la première est soutenue par huit piliers auxquels sont adossés autant de colosses de granit de trente pieds de hauteur. Sur les parois de la plus grande salle règne une file d'immenses bas-reliefs historiques, rappelant les conquêtes de Ramsès III, en Afrique. Celui qui représente son char de triomphe accompagné des prisonniers, des trophées de victoire et des guerriers, tous de grandeur naturelle, offre une composition d'une véritable beauté. Les seize autres salles sont remplies de chefs-d'œuvre de sculpture ; et la peinture appliquée à ces sculptures semble avoir conservé tout son éclat primitif, grâce à la sécheresse d'un climat particulièrement conservateur. »

Ordinairement, à l'extérieur et en avant de ces temples, s'élevaient d'autres statues colossales ou des obélisques, gigantesques monolithes précédés d'une longue avenue de sphinx, de béliers ou d'autres animaux. Et toutes les parois des murs, tous ces obélisques étaient couverts de figures hiéroglyphiques d'oiseaux, d'animaux bizarres, et d'hommes dans tous les costumes et dans toutes les positions. Il est bon d'observer que les bas-reliefs et les ornements égyptiens sont tous en intaille et non en saillie, c'est-à-dire qu'ils sont creusés dans la pierre et, en plus, recouverts de différentes couches de couleur.

L'on voit donc que la religion égyptienne, avec son omnipotence qui dirigeait tout, étant le mobile et l'ordonnatrice des travaux d'art, défendant tout changement, toute innovation, les artistes ne purent rien créer de nouveau, ne furent que des ouvriers exécuteurs, et ils durent forcément rester stationnaires.

SCULPTURE GRECQUE

La sculpture grecque, au contraire, marque son époque par des chefs-d'œuvre de plus en plus parfaits.

Ainsi, depuis *Polyclète*[1], qui, parmi beaucoup d'autres ouvrages remarquables, fit une statue d'un garde des rois de Perse, où toutes les proportions du corps humain étaient si savamment observées qu'elle put servir de règle aux sculpteurs; depuis *Praxitèle*[2], dont les peuples et les rois se disputèrent les statues; depuis *Scopas*[3], qui sculpta, dit-on, encore mieux que *Praxitèle;* depuis *Myron*[4], qui représenta si heureusement les animaux, que les taons voulaient piquer et les jeunes veaux teter ses vaches de marbre; enfin, depuis le fécond *Lysippe*[5], qui produisit tant de beaux ouvrages, qui sculpta des groupes entiers de combattants, tels que ses vingt-cinq cavaliers du passage du Granique, jusqu'à *Phidias*[6], dont la *Minerve*, considérée comme un magnifique chef-d'œuvre,

1. Polyclète, vᵉ siècle av. J.-C.
2. Praxitèle, mort vers 280 av. J.-C.
3. Scopas, vᵉ siècle av. J.-C.
4. Myron, vᵉ siècle av. J.-C.
5. Lysippe, vers 350 av. J.-C.
6. Phidias, mort en 431 av. J.-C.

fut encore surpassée par son *Jupiter olympien :* toujours la statuaire grecque affirma sa perfection, son importance et sa supériorité.

De cela, on trouve encore la raison dans les mœurs du pays.

Tout le monde sait que les Grecs allaient habituellement le corps nu, ou partiellement couvert de draperies collantes ou formant ces grands plis qui conviennent à la statuaire. De plus, leurs fêtes publiques consistaient en des courses, en des luttes de force et d'adresse qui exigent surtout la supériorité des avantages physiques. Le peuple, la nation entière avait donc de fréquentes occasions d'admirer, de discerner les belles proportions du corps humain ; et de cette admiration, de ces comparaisons réitérées des beautés des athlètes, vinrent le talent parfait des sculpteurs et l'enthousiasme de tous les citoyens pour la sculpture [1].

Il y a plus, les hellanodices ou directeurs des Jeux

---

1. Lorsque Nicodème, roi de Bithynie, offrit aux habitants de Gnide d'acquitter toutes leurs dettes, qui étaient considérables, en lui cédant la *Vénus* de Praxitèle, ils refusèrent, ne voulant pas se défaire d'une statue qu'ils regardaient comme une des gloires de leur pays. — De même les Éléens, pour faire honneur à la mémoire de Phidias, créèrent en faveur de ses descendants une charge dont toute la fonction consistait à nettoyer sa belle statue du *Jupiter olympien* et à la préserver de ce qui pourrait en ternir l'éclat.

olympiques faisaient représenter en marbre chaque athlète vainqueur, avec ordre exprès à l'artiste de ne rien changer, de ne rien embellir. Et l'on conçoit bien que l'imitation exacte de ces beaux modèles dut produire les grands sculpteurs que nous admirons, et ces sculptures aussi parfaites de forme qu'insignifiantes d'expression que nous a léguées l'antiquité. *Insignifiantes d'expression* n'est pas une appréciation de profane ; car les statuaires grecs ont si bien fait consister tout le mérite, tout l'agrément de leur art dans l'imitation exacte d'un beau modèle nu et dans certaines poses du corps fidèlement rendues, plutôt que dans une action dramatique quelconque (le seul *Laocoon* excepté), que leurs statues ont toujours une figure régulière et sans aucune recherche d'expression ; le plus souvent, leurs yeux n'ont pas même de prunelles.

En effet, l'art grec, résumé, caractérisé par sa sculpture, a surtout représenté le *culte de la forme*. Et, s'il m'était permis d'appuyer cette assertion sur des considérations générales, sur des exemples divers qui montrent, prouvent toujours le même but et affirment la même tendance, je dirais que :

En *architecture*, les temples des Grecs sont admirables de forme, parfaits d'ornementation et de pureté, corrects et beaux à voir et à étudier; mais ils ne disent rien à l'âme, ils ne portent pas à la méditation et à la prière comme les grandes et mystérieuses basiliques chrétiennes.

En *littérature*, leurs poésies les plus remarquables et les plus parfaites (les tragédies de *Sophocle*, par exemple) se distinguent moins par l'élévation de la pensée ou par la passion que par l'élégance du style et la beauté de la forme.

Et de même en *philosophie*, ils condamnèrent *Socrate*, qui professa et définit simplement la vertu et la morale par la judicieuse pensée, par le raisonnement; ils bannirent l'incomparable *Aristote*, dont le mérite résidait plutôt dans le grand savoir que dans le charme et le poli du discours; et ils s'attachèrent plus longtemps à *Platon*, moins à cause de ses idées sublimes qu'à cause des merveilleuses images de sa parole.

Dans tous les cas, par les fréquentes occasions, qui étaient alors offertes d'apprécier la beauté du corps, la statuaire s'éleva à un si haut degré de perfection en Grèce, le goût, l'enthousiasme pour cet art y étaient si généralement, si nationalement répandus, qu'il n'y avait pas une cité, pas un palais, pas une maison de citoyens riches qui ne fussent

ornés de statues. Au dire des anciens auteurs, les
villes d'Athènes, d'Olympie, de Delphes, de Corinthe
et de l'Asie Mineure en renfermaient par milliers,
tant en marbre qu'en bronze. Les temples, les théâ-
tres, les places publiques et tous les monuments en
étaient décorés à l'extérieur et à l'intérieur.

SCULPTURE ROMAINE

Plus tard, lorsque la Grèce devint province romaine, lorsque l'art fut soumis, subordonné aux
Romains, il ne fut pas anéanti; au contraire, par la
force de sa vitalité et par son influence, il domina
et perfectionna la statuaire chez ses vainqueurs. Il
perdit forcément de son élégance à Rome, car il ne
put changer les formes carrées et herculéennes que
fournissaient les modèles romains; mais il les modifia souvent, et dirigea du moins les sculpteurs de
l'Italie à l'imitation plus ou moins parfaite de la
nature.

La statuaire grecque avait presque uniquement
représenté ses dieux ou ses héros déifiés; la statuaire
romaine représenta surtout ses empereurs et ses
tyrans orgueilleux; et, si l'imitation de ces nombreux
modèles produisit des statues plus variées de type

et peut-être plus vivantes, elle inspira des formes beaucoup moins pures et parfaites. Cette différence se fit même sentir entre les *hermès* grecs et les *termes* romains. Les *hermès* des Grecs, ou bornes divinisées, étaient surmontés d'une belle figure de dieu qui était là comme pour veiller à l'inviolabilité des champs; tandis que les *termes*, ou bornes des Romains, supportaient souvent des figures grossières ou triviales, rappelant peut-être celles des propriétaires.

Quoi qu'il en soit, après avoir répandu dans tout le monde connu une luxueuse profusion de statues et de sculptures, la statuaire romaine s'altéra (en même temps que l'architecture) lorsque domina le style *roman;* puis, elle fut tout à fait négligée, au IVe siècle, lorsque Constantin transféra le siège de l'empire à Byzance. Alors, lorsqu'on éleva les premiers temples chrétiens, le peuple huait et renversait les statues antiques parce qu'il voyait en elles les idoles du paganisme. Et l'Église, elle-même, proscrivit la pratique d'un art originairement païen et qui ne s'attachait qu'à représenter sous des formes attrayantes la beauté et la supériorité physiques.

Enfin, pendant plus d'un siècle, la statuaire disparut de l'Orient, tant que la secte des Iconoclastes exerça ses monstrueuses et destructives fureurs contre les peintures et les statues, et elle n'osa renaître qu'à la fin du VIIIe siècle.

MICHEL-ANGE.

Mais en Italie, les traditions de l'art antique ne s'éteignirent jamais entièrement. Au XIIIe siècle, *Nicolas de Pise*, s'inspirant du bas-relief d'un sarcophage grec, sculpta en marbre un tombeau remarquable pour enfermer le corps de saint Dominique;

son fils Giovanni et ses élèves imitèrent son exemple ;
et pendant la longue et grossière période du moyen
âge, des productions sculpturales apparurent de loin
en loin, attestant que l'art, oublié plutôt qu'abattu,

MICHEL-ANGE A L'AGE DE QUATRE-VINGT-HUIT ANS.

ne demandait qu'à être favorisé pour renaître.

Au XVe siècle, cette faveur se manifesta d'une manière éclatante. A Florence, les Médicis, bien disposés
par d'heureuses opérations commerciales et par les
généreuses inspirations de leur intelligence, répan-
dirent leurs richesses sur tous les genres de pro-

LÉONARD DE VINCI.

ductions artistiques, et ils firent renaître comme

11.

par enchantement les artistes et les arts. Des palais, d'un style nouveau, s'élevèrent partout et s'embellirent de sculptures; les jardins se garnirent de statues, reposant sur des piédestaux richement ornés, ou bien de vases admirablement sculptés, placés sur des cippes en marbre de toutes les couleurs. Et cet exemple fut imité par des princes et des rois, qui luttèrent à qui se surpasserait en magnificences artistiques.

Sous cette puissante impulsion se formèrent de grands artistes et en grand nombre : à la même époque apparurent *Léonard de Vinci, Vasari, Raphaël, Michel-Ange, Primatice,* et une foule d'autres noms célèbres, tour à tour sculpteurs, peintres et architectes. Cette époque, nommée la *Renaissance,* vit paraître les énergiques statues de *Michel-Ange,* parmi lesquelles on distingue son *Bacchus* et surtout son *Cupidon* qui se rapproche en mérite de l'*Amour* de Praxitèle ; la *Vénus de Médicis* qui, sans être aussi parfaite que les Vénus grecques, est peut-être plus vivante; et une quantité de sculptures admirables qui, sans être des imitations serviles et froides de l'antique, sont des reproductions assez puissantes et vraies de la nature.

Mais, pendant le XVIIIe siècle, l'Italie, comme la

France, sacrifia au mauvais goût de l'époque : la statuaire abjura la naïveté, la dignité et l'idéal pour se faire copiste d'une nature triviale et corrompue. Puis, dans les temps modernes, bien que la sculpture ait toujours été en faveur et très répandue en Italie, à part de rares exceptions, peu de belles créations et de grands sculpteurs s'y sont produits. Ce sont plutôt d'adroits imitateurs des statues antiques, qu'ils reproduisent habituellement pour le commerce.

Canova[1] même, qui eut tant de réputation, qui recueillit tant de succès et d'honneurs, fut un parfait sculpteur de marbre, mais un artiste trop infatué du genre noble et mythologique; d'où sont résultées des créations fausses et systématiques, exécutées avec un immense talent. Aussi a-t-il été très bien jugé par l'empereur Napoléon qui, en se voyant représenté par lui avec la robuste vigueur d'un Jupiter ou d'un gladiateur romain, lui dit : *Pensez-vous donc que j'aie remporté mes victoires à coups de poing?*

Cependant aujourd'hui les sculpteurs italiens semblent être devenus plus judicieusement réalistes

1. Canova, 1757-1822.

sans avoir abdiqué leur habileté manuelle, car c'est l'Italie qui tient encore la palme de la sculpture. Là-bas, le spectacle de nombreuses et parfaites sculptures anciennes, la vue d'un type accentué, de belles formes plastiques, peut-être l'abondance locale du marbre ; de là sont nés l'étude naturelle, le goût traditionnel de la sculpture, partant une sculpture large et simple, harmonieuse, palpitante et expressive.

Qui pourrait nier ces qualités et leur supériorité aux sculpteurs italiens, en se rappelant les ouvrages qu'ils ont envoyés à l'Exposition de 1867 !

En contemplant la statue (par Vela) de *Napoléon à ses derniers jours*, en regardant les mains, les draperies rendues avec tant de vérité, la tête si profondément expressive, on se prend à douter si c'est du marbre ou si c'est vivant ; — et le *Christophe Colomb* (du même sculpteur) ramenant et présentant une naturelle de l'Amérique, ne dit-il pas avec une expression frappante, en souriant aux moqueurs et aux incrédules : *Je vous l'avais bien dit.....* Et sa pose, et son sourire et sa tenue ont toute la dignité et la supériorité d'un grand homme.

Puis, leurs statues d'enfants mutins sont des statues d'enfants ; leurs personnages historiques ont de la gravité et de la pensée ; leurs statues de démons ont une sauvage énergie ; celles de jeunes filles, de l'innocence ou de la passion ; et, généralement, le travail est réussi, le caractère convenable, et l'artiste compris du spectateur.

A l'Exposition de 1878, la sculpture italienne montre encore les mêmes qualités, — cependant d'une manière moins générale et moins évidente. Elle a toujours la pureté des contours, la perfection de la forme au point qu'il semble que le marbre va céder au toucher comme s'il était de la chair ; mais, à part la statue de *Pie IX*, celle de *Cromwell* peut-être trop farouche, et surtout le groupe expressif de *Canaris*, on ne retrouve pas aussi généralement la vie, l'expression et le caractère qui avaient fait sa supériorité à la précédente exposition.

SCULPTURE FRANÇAISE

En France, la statuaire offrant un caractère, sinon indigène, du moins réellement remarquable, ne date que de la *Renaissance*, au commencement du XVIe siècle.

A cette époque, nos rois, dans leurs fréquentes descentes à Naples et à Milan, eurent occasion de voir et d'admirer les beautés artistiques de l'Italie, et, après la victoire de *Marignan*, François Ier ramena en France tous les grands artistes qu'il put attacher à sa personne. En 1541, il renvoya le *Primatice*[1] à Rome pour acheter en son nom des objets d'art; et le peintre italien réunit à grands frais plus de cent statues et autant de bustes, il fit mouler en plâtre ou fondre en bronze celles qu'il ne put acquérir, et tout cela fut rassemblé dans le palais de Fontainebleau.

Dès lors, comme il arrive toujours, la faveur et les beaux modèles enfantèrent ou perfectionnèrent les sculpteurs.

Parmi ceux-ci, *Germain Pilon*[2] fut le premier qui imita naturellement la forme et le caractère des draperies, et affranchit l'art des préjugés serviles de la convention ou de l'ignorance. Indépendamment des cheminées monumentales du château de Villeroy, il sculpta de belles statues de tombeau, admirables de distinction, de vérité et de fini dans les détails, — telles que celle de Valentine Balbiani, femme de René de Birague, qui se voit au Louvre parmi les sculptures du moyen âge.

Les contemporains de François Ier, les sculpteurs

1. Primatice, 1504-1570.
2. Germain Pilon, 1515-1550,

Michel Colombe (1508), *Barthélemy Prieur* (1540),
Pouce (1535), et *Jean Cousin*, mort en 1589, se firent
également remarquer par de pieux et beaux mauso-
lées, en marbre et en bronze.

JEAN GOUJON.

Après ces artistes vint *Jean Goujon*[1], qui rappela
dans ses ouvrages les beautés simples et sublimes
de l'antiquité; et, bien qu'il ait quelquefois commis
certaines incorrections, ses figures de demi-relief et
ses compositions offrent toujours un ensemble remar-

1. Jean Goujon, 1520-1572.

quable. On peut s'en convaincre en examinant ses bustes, sa Diane du château d'Anet, ses Tritons et ses Néréides [1], la fontaine des Saints-Innocents, et une tribune monumentale, soutenue par quatre cariatides, qui orne une salle inférieure du musée des antiques.

Pierre Francarville, premier sculpteur en titre de Henri IV et de Louis XIII, exécuta aussi des sculptures et des bas-reliefs très remarquables. On a conservé de lui, assez intactes, quatre statues, représentant quatre nations vaincues et enchaînées au pied de la grande statue équestre de Henri IV sur le Pont-Neuf; statues dont on ne possède que quelques débris retrouvés dans la Seine. Ces quatre figures, autrefois placées aux quatre angles du piédestal, sont en bronze couleur vert antique, elles sont bien campées, bien modelées et empreintes de beaucoup d'énergie.

A présent, si nous retraçons à grands traits les principales phases de la statuaire française, nous

1. L'histoire de cette grande composition nous apprend « qu'une fontaine que Pierre Lescot et Jean Goujon avaient adossée contre une maison, à l'angle des rues aux Fers et Saint-Denis, était ornée de ces trois bas-reliefs, lesquels devinrent sans emploi quand on plaça cette même fontaine au centre du marché des Innocents ».

verrons que Louis XIV fonda une académie de sculpture, de peinture et d'architecture à Rome, où l'on
envoya chaque année des pensionnaires ; et sous le
grand règne apparurent les grands sculpteurs. *Girardon*[1], le sculpteur favori du roi, produisit une foule
d'ouvrages admirables par leur correction et par la
beauté de leur ordonnance. Ainsi l'on peut citer son
magnifique mausolée du cardinal de Richelieu, dans
l'église de la Sorbonne; sa statue équestre de
Louis XIV, où le cavalier et le cheval ont été fondus
d'un seul jet; son enlèvement de Proserpine par
Pluton; et plusieurs autres groupes qui ornent les
jardins du palais de Versailles.

Après, — peut-être avant lui comme talent — vient
Puget[2], son rival. Déjà remarqué à seize ans par ses
essais à Marseille, célèbre à vingt et un par les belles
et inimitables galeries qu'il sculptait à la poupe et
à la proue des vaisseaux, il fut appelé à la cour
de Louis XIV, qui lui donna une pension et lui
demanda des sculptures pour embellir ses palais. La
première éducation artistique de *Puget* s'étant faite
en Italie, il en résulta que ses sculptures rappelèrent
l'antique et purent souvent lui être comparées par

1. Girardon, 1628-1715.
2. Puget, 1622-1694.

leur pureté, leur beauté et leur noblesse. Le marbre prenait sous son ciseau du sentiment, de la souplesse, de l'élégance, et aucun ne sculpta des draperies plus souples et plus naturelles. Il fit à Gênes, entre plusieurs belles choses, un magnifique bas-relief de l'Assomption, et, en France, ses chefs-d'œuvre sont le Milon de Crotone et Persée délivrant Andromède.

Enfin l'on peut encore citer comme fameux sculpteur de cette époque *Coysevox*[1], qui excella surtout dans la beauté et la perfection de ses bustes, au point qu'il fut surnommé le Van Dyck de la sculpture. Et son talent ne se borna pas là, car on a de lui des groupes pleins de grâce, de naïveté et de noblesse.

La statuaire de la fin du xvi⁰ siècle affirmée par les œuvres de ces grands artistes, on peut encore distinguer comme transition dans la marche de l'art le célèbre *Coustou*. Il étudia en Italie ; et c'est là qu'il exécuta sa belle statue de l'empereur *Commode*, représenté en Hercule, un des ornements des jardins de Versailles. De retour en France, il décora Paris, Versailles et Marly de plusieurs œuvres qui montrent un dessin pur, des attitudes nobles et des

______
1. Coysevox, 1640-1720.

draperies moelleuses et naturelles. Le magnifique groupe qui est derrière le maître autel de Notre-Dame est de lui, ainsi que les deux chevaux domptés par des écuyers qui se voient aujourd'hui à l'entrée des Champs-Élysées.

On raconte que, tandis qu'il finissait ce chef-d'œuvre, un important bavard lui dit : « Mais il me semble que la bride devrait être tendue? — Que n'êtes-vous, monsieur, répondit Coustou, venu un moment plus tôt! vous auriez vu la bride telle que vous la désirez; mais ces chevaux ont la bouche si tendre que cela ne dure qu'un instant... »

Ensuite, sous la Régence et sous Louis XV, la sculpture française tomba dans la plus grande décadence. Ne s'inspirant plus des traditions antiques, elle rappela le genre de mollesse et d'afféterie du siècle. On quitta le beau pour le joli, la simplicité pour l'élégance, et, au lieu de s'attacher à l'imitation de la nature, on mit toute l'importance au fini des détails.

Ce n'est guère qu'au commencement du XIXᵉ siècle que la statuaire revint à des formes plus correctes et plus régulières. De meilleurs sculpteurs se formèrent, et des statues d'un dessin plus châtié apparurent sous le ciseau de *Houdon*[1], de *Chaudet*[2], de *Lemot*[3], de *Cartellier*[4], de *Bosio*[5], de *David d'Angers*[6] et de *Rude*[7].

Mais en 1830, la révolution, en faisant naître des idées de liberté et d'indépendance dans les esprits, établit aussi la liberté et l'indépendance dans les arts : la sculpture grecque et classique fut attaquée, critiquée, sapée par le *romantisme,* qui est une imitation de la nature selon le sentiment et l'imagination de l'artiste plutôt que d'après une donnée exacte et régulière. Et, comme il y a du bien et du mal en toute chose, tandis que le sculpteur *classique* et sans génie produit souvent des œuvres correctes et froides, le sculpteur *romantique* supérieur produit quelquefois de belles statues, vivantes et expressives. Mais, toutes les fois que ce dernier n'est pas d'une nature artistique *vraiment supérieure,* s'il n'est exagéré que dans ses idées, dans son travail et la longueur de sa barbe... ses productions sont nulles

1. Houdon, 1741-1828.
2. Chaudet, 1763-1810.
3. Lemot, 1771-1827.
4. Cartellier, 1757-1831.
5. Bosio, 1768-1845.
6. David d'Angers, 1789-1856.
7. Rude, 1784-1855.

ou inférieures au classique ; parce qu'elles n'ont pas l'avantage de la correction et de la science pour les soutenir, et, en sculpture, la négligence d'exécution est moins supportable encore qu'en peinture.

Toutefois nous avons aujourd'hui — dans les deux genres — de célèbres sculpteurs contemporains qui soutiennent dignement l'art en France ; mais, outre que leurs œuvres modernes sont très connues et peuvent être facilement appréciées de tout le monde, beaucoup d'entre eux sont vivants et la discrétion m'empêche de faire leur éloge ou leur critique.

L'ARCHITECTURE

Je ne veux pas, mes chers lecteurs, vous apprendre à être architectes, vous rendre capables de faire construire des temples, des monuments ou des basiliques ; je veux seulement vous faire pénétrer dans la grande famille architecturale, vous faire connaître le nom, la forme et l'âge de chacun des membres qui la composent, afin que lorsque vous visiterez des temples, des monuments, des basiliques, vous ne les visitiez pas en aveugles. Je veux que vous reconnaissiez à leur aspect, à l'aspect de leur construction et de leurs ornements, l'ordre auquel ils appartiennent, l'époque à laquelle ils ont été construits, et si leur style est pur ou bien s'il présente des signes de décadence ou de corruption. Cela est déjà quelque chose.

D'abord, il nous faut quelque peu réfléchir et raisonner.

Vous pensez bien que, dans les commencements du monde, les premiers hommes n'avaient pas de savants architectes comme nous en avons aujourd'hui. Les uns habitaient des huttes qu'ils faisaient eux-mêmes avec de la terre et du bois, comme les sauvages ; les autres — que l'on a nommés troglodytes — s'abritaient dans des grottes et des cavernes, naturelles ou creusées par eux.

Insensiblement, avec le progrès de la civilisation, les habitations furent agrandies et perfectionnées ; et leur forme et leurs matériaux furent différents, suivant les climats et les ressources qu'offrait chaque pays. C'est-à-dire que les Grecs, qui avaient de grandes forêts, employèrent le bois pour la construction de leurs premiers temples ; tandis que les Égyptiens, qui en étaient dépourvus, employèrent des blocs de pierre dont ils avaient des carrières abondantes. De même, tandis que les premiers durent adopter des toits inclinés pour se garantir de la pluie ; les seconds, n'ayant pas à se préoccuper de cet inconvénient sous leur climat sec, construisirent des monuments sans toit ou avec des toits plats et horizontaux.

ARCHITECTURE ÉGYPTIENNE

L'architecture des Égyptiens se composa donc de gros piliers de granit supportant de lourds et larges plafonds de pierre. Et ce sont ces énormes plafonds et l'absence de voûtes qui ont nécessité la multitude des colonnes de leurs temples.

D'un autre côté, leurs goûts primitifs, et leur adoration superstitieuse des phénomènes physiques qui leur faisait voir la puissance divine résidant dans la grandeur matérielle, les portèrent à faire des constructions colossales, massives, uniformes, presque sans ouvertures, et à s'attacher à élever d'immenses blocs de granit, sous forme de pyramides, d'obélisques, ou de sphinx grossièrement découpés, taillés dans la carrière même. En somme, leurs ouvrages, massifs et souvent inutiles, attestent qu'ils connurent le grand, mais rarement le beau : car ils étonnent plus par la difficulté qu'il a dû falloir pour en transporter les matériaux et les mettre en place que par la perfection du travail.

Néanmoins, ils ont un genre d'architecture tout particulier, remarquable sous plus d'une face et très reconnaissable. Cependant, pour le reconnaître, surtout pour le distinguer dans ses intéressantes transformations, il faut d'abord se rappeler l'idée religieuse du pays qui a dû diriger les architectes, et ensuite les bouleversements politiques qui ont modifié son architecture. L'on sait ou l'on doit savoir que l'Égypte, un des pays les plus anciens du monde, après avoir été très longtemps gouvernée par ses prêtres et par ses rois, les *Pharaons*, fut subjuguée et successivement dominée par les Perses, les Grecs et les Romains.

Ces bouleversements ont naturellement produit des changements dans son architecture, qui a varié à ces quatre époques. Sous la première époque, dite des *Pharaons*, l'architecture est purement égyptienne, et, en prenant leurs temples religieux pour types architectoniques, rappelant tous les autres, en voici l'aspect et la disposition :

Ces temples formaient un immense parallélogramme, divisé en trois parties distinctes : l'enceinte destinée au public, la partie centrale ou du culte et les salles privées. En y arrivant, l'on rencontrait une longue avenue de sphinx, précédée d'obélisques gigantesques ou de statues colossales, le plus souvent assises, qui semblaient garder l'entrée[1]. Une porte carrée était percée dans une épaisse muraille couverte d'hiéroglyphes, et flanquée de deux massifs plus élevés, parallèles, sans ouverture, et construits en talus, c'est-à-dire ayant le sommet plus étroit que la base. C'étaient les *pylônes*. Cette porte donnait accès dans la première enceinte, qui était un vaste espace découvert et entouré de portiques supportés par des colonnes. Souvent le *pylône*, isolé et placé en avant de l'avenue de sphinx, formait comme une entrée, une arche triomphale ayant pour tout ornement le disque du soleil entre deux vipères, *emblème du sud et du nord*, comme on le voit devant le temple de *Philæ*.

En passant sous un second pylône, on arrivait à la partie centrale qui, après les pylônes, était la construction la plus élevée de l'édifice. C'était un immense vestibule garni de grosses colonnes, qui supportaient des plafonds de pierre d'une largeur et d'une longueur prodigieuses.

De là, on pénétrait dans les salles privées, qui formaient trois sanctuaires communiquant entre eux par des couloirs sombres et mystérieux. C'était là

1. Le temple de Karnak avait 2,000 mètres de longueur, il était précédé d'une avenue ou *dromos* de 600 sphinx et de 58 béliers de granit.

que se réunissait le conseil supérieur des prêtres, seuls dépositaires de la religion et des secrets des sciences.

A l'extérieur, les murs présentaient une inclinaison en talus; ils étaient construits avec des blocs énormes de pierre, placés les uns sur les autres sans aucun mortier; et toutes les parois, divisées par bandes horizontales, étaient couvertes de figures hiéroglyphiques sculptées en *intaille*, c'est-à-dire en creux dans la pierre, et peintes de différentes couleurs. Primitivement, les chapiteaux des colonnes (qui ne s'élevaient qu'à l'intérieur) imitaient des palmes ou deux feuilles de lotus, végétaux de l'Égypte. Mais plus tard, ils représentèrent sur chacune de leurs quatre faces un masque de femme à oreilles de vache (déesse *Hathor*), coiffé d'un turban ou d'un diadème dont deux bandes, retombant et passant derrière les oreilles, venaient, en s'élargissant, encadrer le bas du visage. Entre le chapiteau et le plafond il y avait un dé carré, où était ordinairement retracée en miniature la façade d'un temple égyptien.

Voici, du reste, une description faite à l'époque même et *de visu* par le célèbre voyageur et historien Strabon : « Au niveau du sol on trouve d'abord une avenue pavée, large d'environ trente pas et quatre fois plus longue que large. Cette avenue, dans toute la longueur de laquelle règne de chaque côté une suite de sphinx en pierre distants les uns des autres de onze à douze pas, est appelée *dromos* par les Grecs. Après cette avenue, on rencontre un grand vestibule découvert (*propylon*), puis un second et même un troisième, car le nombre de ces derniers varie, tout comme celui des sphinx. Au delà de ces vestibules s'élève le temple (*naos*). Il est précédé d'un large portique ou *pronaos*, formé par de lourdes colonnes et entouré d'un mur latéral (*pteron*) sur lequel sont peintes de grandes figures rappelant celles que l'on voit sur les vases étrusques. Le sanctuaire (*sécos*), qui vient ensuite, est de petite dimension; il ne renferme pas de statues, ou, s'il en contient, elles ne représentent pas une figure humaine, mais celle de quelque animal divinisé. »

A présent, si nous voulons examiner rapidement les altérations qu'a subies l'architecture égyptienne, nous verrons que, sous la domination des *Perses*, elle a continué à être dévastée et mutilée, — comme elle l'avait été par l'armée victorieuse de *Cambyse*. A cette époque, les sanctuaires privés des temples, où s'élaboraient les mystères de la religion, sont

12.

en partie supprimés ; et le temple proprement dit est masqué par un mur, bâti entre les colonnes jusqu'à moitié de leur hauteur, comme pour cacher les cérémonies du culte aux conquérants profanes.

Sous la domination des Grecs ou *Lagides*, qui élevèrent de nombreux temples en Égypte, l'architecture égyptienne se perfectionna en se dénaturant. Elle perdit de sa lourdeur, de sa pesanteur massive, les colonnes furent moins grosses, plus élancées et, au lieu d'être uniquement placées à l'intérieur, elles se placèrent extérieurement autour des édifices, ce qui rappela l'aspect des temples grecs : d'autant plus que les entrées surmontées de *pylônes* et les avenues de sphinx et d'obélisques furent supprimées. En même temps, les ornements, sculptés par des artistes grecs ou sous leur inspiration, prirent une richesse, un fini et une délicatesse remarquables.

Sous les *Romains*, les temples égyptiens perdirent entièrement leur caractère primitif. Les murs inclinés en talus, qu'avaient respectés et en partie imités les Grecs, se redressèrent, c'est-à-dire se construisirent partout à plomb. La plupart des édifices furent consacrés aux empereurs ou aux dieux du paganisme, et on les éleva sur des plans romains. Ils

INTÉRIEUR DU PALAIS DU MONARQUE ÉGYPTIEN.

devinrent presque carrés et s'entourèrent de portiques supportés sur des piliers sans ornements ; car
le langage symbolique des hiéroglyphes, méconnu
avec la religion, disparut en grande partie des
parois des murs en même temps qu'il disparut de
l'esprit de la nation, subjuguée et de plus en plus
envahie par les étrangers.

Plus tard, sous le règne des kalifes, cette architecture fut encore transformée ; elle prit alors le
caractère arabe. Les monuments furent percés de
niches et d'ouvertures cintrées dont les portes en
bois ouvragé étaient garnies d'appliques de métal ;
ils furent surmontés de coupoles dorées, peints de
bandes bleues et rouges, et flanqués quelquefois,
sur leurs faces latérales, de pavillons ou de rotondes
en bois sculpté et ornées de vitraux. — C'est là,
encore aujourd'hui, le style de l'architecture de
l'Égypte.

ARCHITECTURE GRECQUE

A présent que nous avons aperçu l'architecture de
l'Égypte, revenons en Grèce.

Les Grecs, ayant continuellement des arbres devant
les yeux, eurent l'idée des colonnes rondes. Ils plan-

tèrent d'abord dans le sol des troncs coupés ; placèrent des poutres dessus pour les maintenir ; puis
des solives sur les poutres pour soutenir le toit, dont
l'inclinaison traça et produisit naturellement la
forme du fronton. Ils recouvraient ces bois d'une
couche préservatrice de peinture, les enjolivaient
d'ornements en terre cuite imitant des feuillages,
et, du progrès de cette charpenterie, naquit chez
les Grecs la science de l'architecture.

Cette science leur fit remplacer le bois par la
pierre, puis par le marbre, en établissant et suivant
des règles savantes, — qu'il nous faut forcément
étudier nous-mêmes avant d'aller plus loin.

Armons-nous donc de courage, mes jeunes disciples, car nous allons quitter pour un moment l'histoire de l'architecture, pour en apprendre les formes
diverses et les termes techniques.

Les cinq ordres de l'architecture.

L'architecture se divise en cinq ordres. La figure
et le caractère particuliers de chacun de ces ordres
sont surtout représentés par une colonne distincte et
typique. Il y a donc cinq genres de colonnes qui diffèrent entre elles par la forme, les ornements et la
dimension.

Il faut savoir aussi que chaque ordre entier se compose de trois parties, qui sont : le *piédestal*, qui est un dé carré avec plus ou moins de filets ; la *colonne*, qui est un corps cylindrique surmonté d'un chapiteau ; et, au-dessus du chapiteau, l'*entablement*, qui se décompose lui-même en trois : l'*architrave*, qui remplace la poutre que l'on plaçait primitivement sur les troncs d'arbre ; la *frise*, qui est une paroi plus ou moins garnie d'ornements — rappelant les solives mises sur la poutre, — et la *corniche*, qui est saillante et figure le bord avancé des toits [1].

Des cinq ordres, trois sont grecs — comme leur nom l'indique : — le *dorique*, l'*ionique* et le *corinthien*; et deux sont romains : le *toscan* et le *composite*.

L'ordre *dorique*, le plus ancien, avait à son origine des colonnes sans piédestaux, imitant les troncs

---

1. Ceux qui désireront en connaître davantage sauront que, de même que l'entablement se divise en trois parties, le corps entier de la colonne se divise en *chapiteau, fût* et *base;* et le piédestal en *cymaise, dé* et *empattement*. Ensuite, la science de l'architecture consiste dans la mesure exacte, relative et comparative de chacune de ses parties, en se servant pour étalon *du module*, qui est le demi-diamètre de la base de la colonne. Mais nous nous contenterons de dire ici, comme règle générale applicable à chacun des cinq ordres : *que la proportion de l'entablement doit être le quart de la hauteur de la colonne; et celle du piédestal le tiers de cette hauteur.*

d'arbre qu'il remplaça. Leur chapiteau marqué, délimité par un cordon ou *astragale,* est simplement formé de plusieurs moulures horizontales. L'architrave est souvent tout unie ; et la frise est une bande divisée en carrés réguliers, dont ceux qui sont — et doivent être — plomb sur les colonnes sont ornés d'un dessin uniforme et s'appellent *triglyphes;* tandis que les autres, nommés *métopes,* contiennent des têtes variées d'animaux, des disques, des patères, etc. Des moulures et des filets horizontaux forment la corniche.

La colonne de l'ordre ionique a toujours eu un piédestal. Son chapiteau se compose de deux *volutes* ou extrémités arrondies et tournant en spirale, lesquelles sont horizontalement reliées par un filet (*listel*) et une étroite bande d'*oves.*

L'architrave de cet ordre est meublée de lignes espacées et parallèles; sa corniche se divise en nombreuses moulures, tandis que sa frise, ordinairement nue, apparaît simple et unie, et fait opposition à son entourage.

L'ordre corinthien est plus joli et plus riche que les précédents. La colonne est plus élancée. La base en est égayée par des moulures et des filets plus nombreux ; et le chapiteau est formé par des feuilles d'acanthe et d'autres nervures : ce qui imite un vase de feuillage. L'architrave présente des filets parallèles, toujours doubles ou ornés ; la frise est quelquefois garnie d'ornements ; et toujours la corniche, soutenue sur de petites consoles ou *modillons,* présente des moulures délicates et variées.

Restent les deux ordres romains : le *toscan* et le *composite.*

Le composite a été créé par les Romains, ou plutôt composé par eux sur la double imitation des ordres ionique et corinthien. En effet, il participe de ces deux ordres ; et on le reconnaît à ses chapiteaux, qui réunissent la volute ou spirale ionienne aux feuilles d'acanthe corinthiennes. Du reste, il s'est paré à lui seul de toute la richesse de ses modèles. Le corps de ses colonnes est très souvent cannelé ; ses corniches et ses architraves sont chargées de délicates moulures et d'ornements ; et ses frises, couvertes de bas-reliefs, de trophées ou d'emblèmes sculptés, rappellent le luxe orgueilleux de l'opulente puissance romaine.

Au contraire, l'ordre toscan est le plus simple et le plus nu de tous les ordres ; il manque de tous les ornements qui rendent les autres beaux et agréables. Ses colonnes et ses pilastres sont plus courts et plus massifs ; son chapiteau, précédé d'un cordon ou astragale, est formé par sept moulures horizontales ; et son architrave est nue, sa frise est nue, et sa corniche peu compliquée. Aussi le toscan ne s'emploie guère que pour les gros bâtiments : ou bien aux étages inférieurs, parce qu'il est plus propre à soutenir la charge du dessus.

Pour nous résumer, il est donc bien entendu que le chapiteau *toscan* a peu de moulures, le *dorique* quelques-unes de plus avec des carrés sculptés sur sa frise, que l'*ionique* a des volutes arrondies, le *corinthien* des feuilles d'acanthe, et le *composite* des feuilles d'acanthe et des volutes.

Ouf ! nous voilà savants... tout au moins capables de poursuivre nos explorations architecturales. Avançons.

Cependant les Grecs, en prenant l'habitude de l'emploi de la pierre et du marbre, abandonnèrent peu à peu leurs constructions en bois et leurs ornements de terre cuite appliqués.

Après leurs guerres avec les Perses et la victoire de *Marathon* qui leur rendit la paix et la liberté, ils songèrent à reconstruire leurs temples détruits. D'abord, sur les cadavres des combattants athéniens qui succombèrent dans cette glorieuse journée, ils élevèrent un gigantesque *tumulus* de dix coudées

COUR DE LA MAISON ATHÉNIENNE.

de hauteur sur cent de circonférence (qui se reconnaît encore aujourd'hui); mais ils ne s'en tinrent

pas à ce genre de monuments, aussi simple que grandiose.

Leurs architectes se mirent à l'œuvre : l'ordre dorique, jugé trop simple, fut remplacé par l'ordre ionique, dans le chapiteau duquel on introduisit des ornements plus saillants et plus variés. Ensuite vint l'ordre corinthien, avec l'époque artistique de Périclès, des Praxitèle, des Phidias, et, sous cette influence intelligente et somptueuse, de nombreux temples furent construits ; ils se couvrirent de sculptures et de statues, et l'architecture, aussi bien que la statuaire, arriva à son plus haut période.

Pour nous donner l'idée de cette magnificence architecturale, nous ferons bien de contempler des monuments grecs, et pour cela nous ne pouvons mieux faire que de nous rappeler la ville d'Athènes où sont les plus beaux et les mieux conservés.

Mais vous ne connaissez peut-être pas Athènes... et, si cela est, en voici la description à vol d'oiseau :

Dans une vaste plaine entourée de montagnes, excepté d'un seul côté où l'on aperçoit la mer dans le lointain, s'élève un immense rocher de cinquante mètres de hauteur, présentant à sa partie supérieure une large surface aplatie : c'est l'*Acropolis* d'Athènes, c'est-à-dire la ville haute et la citadelle.

Là sont les monuments les mieux conservés. Nous y montons de suite, par le seul côté accessible, sans nous arrêter aux ruines presque effacées de la ville basse et de la plaine, dont chaque endroit rappelle cependant des souvenirs bien intéressants : — voici la colline de l'*Aréopage,* le plus célèbre et le plus vénérable tribunal de la Grèce ; — voilà où étaient l'ancienne place publique ou l'*Agora,* couverte de statues, de temples et du *portique (stoa)* sous lequel discouraient les stoïciens de Zénon ; — la plate-forme découverte du *Pnyx,* le lieu des grandes assemblées nationales de la république ; — le *Stade,* carrière où les Athéniens s'exerçaient à la course ; — le vaste édifice du *Prytanée ;* — le palais des Muses ou *Museum ;* — le *Lycée* d'Aristote ; — l'*Académie* de Platon ; — l'immense *Théâtre* d'Eschyle, de Sophocle et d'Euripide, dont les sièges étaient taillés dans le roc de l'Acropolis ; — l'*Odéon,* dont la charpente circulaire du toit était faite avec les mâts des vaisseaux persans, capturés à Salamine ; — enfin le petit temple de *Thésée,* qui donna son nom à Athènes lorsqu'il en fit la métropole des diverses tribus de l'Attique[1] ; — et le temple gigantesque de

1. L'on sait que le peuple athénien se composait de dix tribus, dont chacune fournissait cinquante membres, ou *prytanes,* pour

Jupiter Olympien; et tant d'autres monuments antiques, détruits et oubliés!

Laissons donc pour aujourd'hui tous ces souvenirs, et ne voyons que les merveilles architecturales de l'*Acropolis.* En voici une description faite, au temps de la splendeur athénienne, par le Dr Wordoworth :

« Après une longue montée, nous arrivons au haut de l'Acropolis, et nous nous trouvons en face d'un édifice colossal, en marbre blanc, qui couronne le front de la montagne.

« Au centre de cet édifice est un portique de soixante pieds de large, formé de six colonnes cannelées d'ordre dorique, élevées sur quatre marches et traversées par un passage qui s'ouvre au milieu d'elles. Ces colonnes ont trente pieds de hauteur et supportent un noble fronton. De ce portique se projettent, à environ trente pieds à l'ouest, deux ailes, ayant chacune trois colonnes du côté le plus rapproché du portique central.

« Sur les moulures de l'édifice brillent au soleil des teintes éclatantes de rouge et de bleu; au centre, les couleurs du couronnement sont parsemées d'é-

former le conseil des cinq cents sénateurs qui s'assemblaient au *Prytanée.*

toiles, et les pilastres des ailes sont ornés d'une broderie azurée de feuilles de lierre.

« Passant alors le long d'une avenue placée entre les deux colonnes centrales du portique, et à travers un corridor formé par trois colonnes ioniques de chaque côté, nous sommes conduits en face de cinq portes de bronze : la porte centrale, la plus large et la plus haute, est immédiatement devant nous.

« Cet édifice que nous décrivons est le *Propylée*, ou le vestibule de la citadelle athénienne. Il est bâti en marbre pentélique. C'est en l'année 437 avant Jésus-Christ qu'il fut commencé, et il ne fallut que cinq ans à l'architecte Muésiclès pour l'achever.

« Arrêtons-nous un instant pour contempler les objets qui nous environnent : à l'aile gauche du *Propylée*, nous explorons la galerie ornée des peintures de Polygnote, nous visiterons à droite le *Temple de la Victoire*, qui est supporté sur quatre colonnes ioniques à son extrémité occidentale et sur quatre à son extrémité orientale. Tout autour de la frise sont de belles sculptures représentant le combat des Perses et des Grecs aux plaines de Marathon.

« Nous rentrons ensuite dans le corridor de marbre.

« Figurons-nous les grandes portes de bronze, dont nous avons parlé, ouvertes dans toute leur largeur de manière à admettre des cavaliers, des chars et des phalanges dans l'intérieur de l'*Acropolis*, et franchissons-les. Nous passons sous le porche, et nous pénétrons dans l'enceinte, environnée de tous côtés de murailles massives ; nous foulons le sol que parcoururent les plus grands hommes de l'antiquité, et nous contemplons dans toute sa beauté un édifice qui fut toujours admiré, toujours imité, et jamais égalé : c'est ici, à la fois, le temple, la forteresse et le muséum d'Athènes.

« Devant nous et autour de nous se dresse une cité de statues, élevées sur de solides piédestaux, ouvrages d'illustres sculpteurs, Phidias, Polyclète, Praxitèle, etc., destinés à rappeler les vertus des bienfaiteurs d'Athènes, ou à représenter les objets de son culte ; nous voyons d'innombrables autels dédiés aux héros et aux dieux ; de grandes tables de marbre blanc sur lesquelles sont inscrites les traditions de l'histoire athénienne, et les contrats civils, et les traités de paix, et le récit des récompenses accordées à des citoyens illustres ou à de généreux étrangers.

« Un peu plus loin, sur notre gauche, s'élève, sur sa haute base, une statue gigantesque en bronze, ouvrage de Phidias. Elle a soixante-dix pieds de hauteur, et ses regards se dirigent vers l'ouest par-dessus l'Aréopage, l'Agora, le Pnyx et la mer Égée. Elle est armée d'une longue lance et d'un bouclier ovale et porte un casque sur sa tête ; la pointe de la lance et le cimier du casque dominent les plus hauts édifices de l'Acropolis. C'est *Minerve Proma-chus*, le champion d'Athènes, qui, du haut de son éminence regardant la citadelle, semble par son atti-tude promettre sa protection à la cité et défier ses ennemis.

« Continuant notre exploration vers la droite, nous arrivons devant le grand temple de marbre qui est situé sur le point le plus élevé de l'Acropolis. C'est le *Parthénon*. A la façade occidentale, huit colonnes doriques sont debout sur une plate-forme sur laquelle on monte par trois marches. Il y a le même nombre de colonnes à la façade orientale, et dix-sept de chaque côté. Aux deux extrémités, au-dessus des huit colonnes, est un fronton élevé qui s'étend sur une longueur de quatre-vingts pieds ; il est orné d'environ vingt figures de grandeur humaine. Le groupe qui est au-dessus de l'entrée occidentale représente Mi-nerve et Neptune se disputant la possession de l'At-tique ; l'autre, au-dessus de l'entrée orientale, figure la naissance de la déesse athénienne.

13.

« Sous la corniche, qui enveloppe le temple sous toutes ses faces, est la frise, divisée en compartiments par des séries alternantes de triglyphes et de métopes, ces dernières au nombre de quatre-vingt-douze, quatorze à chaque façade et trente-deux sur chaque flanc : elles sont sur environ quatre pieds carrés, et sont ornées d'une ou deux figures en relief représentant les actes de la déesse à qui le temple est dédié, et de héros athéniens qui combattirent sous sa protection et triomphèrent par son appui. Ce sont les œuvres de Phidias et de ses élèves ; et, avec les frontons de ses deux façades, elles peuvent être considérées comme représentant en sculpture l'histoire des sujets les plus remarquables de la mythologie d'Athènes.

« Sous chacune des métopes de la façade orientale sont supendus des boucliers ronds tout couverts d'or, et plus bas sont inscrits les noms de ceux qui les consacrèrent comme des offrandes à Minerve, en témoignage de leur reconnaissance pour les victoires qu'ils ont remportées.

« Toute cette partie de l'édifice est enrichie de couleurs brillantes, qui répandent autour du temple un air de fête et de joie, et s'harmonisent admirablement avec la beauté et la transparence de l'atmosphère qui l'enveloppe. La corniche des frontons est décorée de peintures en forme d'ovoïdes, sur lesquels se croisent des flèches également peintes; des couleurs sinueuses courent le long de ses ornements annulaires, au milieu desquels serpente le chèvrefeuille : les frontons eux-mêmes sont parsemés de diverses teintes; les triglyphes de la frise sont aussi couverts de lignes brillantes, qui se terminent en larmes d'azur; des festons dorés pendent aux architraves. Il serait donc erroné de ne considérer ce temple que comme la meilleure école d'architecture du monde : il forme aussi un musée de sculpture et une galerie de peinture.

« Si nous montons trois marches qui conduisent à la porte du temple, à l'extrémité occidentale, nous nous trouvons dans l'enceinte du péristyle. Ici, de même qu'à la façade orientale, est une rangée de six colonnes debout sur une surface élevée par deux marches au-dessus du niveau du péristyle. On pénètre dans l'édifice intérieur par deux portes, l'une à l'est, l'autre à l'ouest; il est divisé en deux chambres de grandeur inégale, par un mur qui court du nord au sud : la chambre occidentale, qui est la plus petite, est l'*opisthodome* où est renfermé le trésor monnayé d'Athènes; et la chambre orientale forme le temple proprement dit. Elle renferme la statue colossale de Minerve, ouvrage de Phidias, formée d'ivoire et d'or, et c'est de là qu'elle est particulièrement appelée *Parthénon*[1], ou résidence de la déesse virginale, et ce nom a depuis été appliqué à tout l'édifice. Au sommet des murs extérieurs et sur toute la longueur des quatre côtés se voit une frise en bas-reliefs qui représentent la procession des *Panathénées*[2].

« Tel était donc le *Parthénon* d'Athènes, l'ouvrage d'Ictinus et de Callistrate, orné de sculptures de la main de Phidias et de ses disciples, achevé sous l'administration de Périclès, l'an 439 avant Jésus-Christ.

« La statue de *Minerve Polias* à laquelle on offrait le *péplos* sacré se trouve dans le beau temple situé au nord du Parthénon. La direction de cet édifice est de l'est à l'ouest : l'intérieur a soixante-treize pieds

1. Παρθενός (vierge), un des surnoms de Minerve, comme ayant toujours conservé sa virginité.

2. La fête des Panathénées avait été instituée par Thésée, en commémoration de la réunion en société civile des diverses tribus de l'Attique. Elle était quinquennale. Et tous les cinq ans, le peuple d'Athènes, précédé des grands citoyens, des guerriers, des magistrats, des prêtres et des victimes, montait en grande solennité à l'Acropolis pour assister à des sacrifices religieux et pour offrir à la statue de *Minerve Polias* le *péplos sacré*, qui était une espèce de bannière ornée de broderies aux couleurs éclatantes, représentant les combats des dieux et des géants.

de longueur sur trente-sept de largeur, et, comme l'intérieur du Parthénon, il est divisé en deux chambres ; mais ces chambres sont consacrées, non à une seule divinité, mais à deux divinités différentes. Cette construction, considérée dans son ensemble, est appelée l'*Erechtheum,* d'après l'ancien roi de l'Attique qui y est inhumé. La division orientale est consacrée à *Minerve Polias;* l'occidentale, à *Pandrosus;* à la façade orientale est un portique à six colonnes de front, d'ordre ionique ; le niveau du plancher est de huit pieds plus élevé que le reste de l'édifice. A l'angle nord-ouest est un autre portique, composé de six colonnes ioniques, dont quatre sur la façade au nord, et une sur chaque côté ; il conduit à la chambre occidentale. Un troisième portique à l'angle sud-ouest du temple, conduisant aussi à la chambre occidentale, est formé non de colonnes, mais de *caryatides,* ou plutôt de vierges athéniennes revêtues de leur costume panathénaïque. Il y en a six : quatre se trouvent à la façade méridionale, et une sur chaque côté ; elles sont élevées sur un *podium* ou mur, à environ quatre pieds au-dessus du sol.

« Du côté de l'ouest, le mur est percé par trois fenêtres dont les ouvertures sont plus étroites en haut qu'en bas, et sont interposées entre quatre colonnes ioniques élevées dans le mur. Autour de la chambre règne une frise en pierre grise d'Éleusis, à laquelle des bas-reliefs sculptés sont fixés par des attaches en fer.

« Ce temple avait remplacé un des plus anciens sanctuaires d'Athènes. C'est pour cette cause qu'on l'appelait l'*Ancien temple de Minerve*. Quatre objets différents d'un grand intérêt national, qui sont renfermés dans l'enceinte de l'*Erechtheum*, lui donnent une sainteté et une importance bien supérieures à celles de tous les autres temples d'Athènes. Dans la chambre orientale est l'ancienne statue de Minerve Polias, faite en bois d'olivier, et que l'on disait tombée des cieux. C'était la Minerve qui avait disputé à Neptune la possession du sol athénien; c'était la protectrice première de l'Acropolis et d'Athènes; c'est à elle qu'était consacré le *peplos* aux fêtes des *Panathénées;* et devant sa statue brûle nuit et jour la lampe d'or, dont l'huile n'est renouvelée qu'une fois l'an. Ici habite le serpent sacré, gardien de l'Acropolis; ici est déposé le trône d'or aux pieds d'argent, du haut duquel Xerxès contempla la bataille de Salamine; et l'épée de Mardonius prise à la bataille de Platée.

« Dans la chambre occidentale, dédiée à Pandrasus,

est la source salée que Neptune fit jaillir de la terre;
sur le rocher est encore l'empreinte de son trident. »

Voilà l'aspect que présentaient les temples d'A-
thènes à l'époque de sa splendeur[1]; voilà les souvenirs que font revivre les ruines de son Acropolis!
Les *Propylées* sont presque entièrement détruits,
mais le *Parthénon* et l'*Erechtheum* sont encore debout, ainsi que le temple de *Thésée* et une partie
des colonnes corinthiennes de celui de *Jupiter
Olympien.*

D'après la description du savant Dr Wordoworth,
l'on voit que les monuments grecs, indépendamment
de leur mérite architectonique, étaient entièrement
construits avec de beaux marbres, et se distinguaient
encore par la richesse de leurs sculptures et par
l'éclat de la peinture et de l'or, qu'on appliquait sur
certaines parties. Mais, s'il faut déplorer que nous
ne possédions pas leurs riches carrières et que nous

---

1. Les pensionnaires de l'École des beaux-arts font aujourd'hui
d'intéressantes *restaurations*, c'est-à-dire que, d'après le reste des
manuscrits antiques, d'après leur caractère et les relations historiques, ils font des dessins qui les recomposent dans leur ensemble
et les représentent exactement comme ils ont existé. A côté de
ces restaurations sont aussi dessinées exactement les différentes
parties de ces ruines, qui sont encore debout et servant d'indications.

ne puissions, comme eux, élever extérieurement nos
édifices en marbre, il ne faut regretter ni leur peinture polychrome ni leurs statues d'or et d'ivoire, car,
toutes les fois qu'on a voulu composer les statues
de métaux précieux et variés, toujours ce papillotage
leur a donné une valeur matérielle aux dépens de
leur valeur artistique.

ARCHITECTURE ROMAINE

Primitivement, les Romains n'avaient élevé que des
masses de pierre, de brique et de ciment, avec les
bras de leurs ennemis vaincus; ou bien des édifices
plus sévères et solides que parfaits, avec l'aide d'architectes étrusques. Mais, après qu'ils eurent envoyé
des ambassadeurs à Athènes pour en rapporter les
lois de Solon, après leurs guerres en Macédoine,
enfin après s'être mis en rapport de différentes
manières avec la Grèce, ils en adoptèrent l'architecture ou modifièrent la leur.

Déjà, près de deux siècles avant Jésus-Christ, ils
avaient abandonné leurs constructions massives de
briques et de ciment pour élever des temples sur des
pilastres et des colonnes détachées. D'abord ils suivirent l'ordre dorique, qui, mal imité, fit naître leur

RUE DE LA ROME ANTIQUE.

ordre toscan. Mais peu à peu ils se perfectionnèrent

VILLA ROMAINE. — L'IMPLUVIUM.

dans l'art de bâtir, en se conformant exactement au
style grec, qu'ils reproduisirent cependant avec un

manque d'élégance et une certaine lourdeur qui ont toujours plus ou moins caractérisé l'architecture romaine.

Plus tard, sous les derniers triomphes de la République, lorsque les consuls devinrent plus puissants qu'elle, le luxe envahissant les mœurs, de nombreux monuments tant publics que particuliers s'élevèrent; les trois ordres furent somptueusement imités, et, de même que l'époque de *Périclès* avait vu fleurir les arts et l'architecture en Grèce, de même Rome, à l'époque d'*Auguste,* se transforma et s'embellit d'édifices remarquables.

Sous son règne s'éleva le Panthéon, le plus admirable et le plus admiré des monuments romains; puis ses successeurs imitèrent son goût et son luxe pour l'architecture, luxe qu'ils surpassèrent même souvent. Rome et ses provinces les plus éloignées se couvrirent de temples magnifiques, dédiés aux dieux et aux empereurs. Les voies publiques furent traversées par de nombreux arcs de triomphe; les places ornées de statues et de colonnes monumentales, telles que la colonne Trajane et la colonne Antonine; et c'est ainsi que Rome affirma ou racheta la corruption de ses mœurs par la beauté et la splendeur de ses édifices.

ARC DE TRIOMPHE D'ORANGE.

Enfin, de même qu'aux premiers ornements de terre cuite coloriée avait succédé le marbre sculpté, de même, à l'ordre corinthien, déjà si riche, les architectes romains ajoutèrent l'ordre composite, qui laissa un champ libre à l'imagination des artistes.

Mais, peu à peu, ce luxe de colonnes somptueuses, ce luxe de bas-reliefs, de trophées, d'emblèmes sculptés sur les monuments, dénatura la simplicité des lignes; il fit oublier la pureté de la forme, et l'architecture, poussée à la décadence par ces opulentes exagérations, arriva, vers les IIIe et IVe siècles, à construire des édifices péchant contre toutes les règles antérieurement établies. Aussi, c'est à l'époque du Bas-Empire qu'appartiennent les colonnes que l'on voit quelquefois placées contre les murs sans utilité ou supportant de petits frontons détachés, des corniches coupées, ou bien des colonnes portées sur des consoles et s'élevant les unes au-dessus des autres.

Au IVe siècle, lorsque l'empereur Constantin transféra le siège de l'empire à Byzance et embellit sa nouvelle capitale de monuments, l'architecture romaine fut abandonnée avec l'empire romain. Lors de l'érection des basiliques chrétiennes, tant en Orient qu'en Occident, les sculptures furent proscrites

comme images païennes, qui rappelaient des souvenirs du paganisme, et l'architecture romaine éprouva
le contre-coup de cette proscription. Puis, négligée,
à moitié détruite ou mutilée à l'époque de l'invasion
des barbares, elle lutta quelque temps, en faisant
entrer les colonnes et les débris de ses monuments
dans les constructions chrétiennes ; mais, au VIe siècle,
elle disparut, ou plutôt se transforma en architecture
romane, qui n'a été autre chose que l'architecture
romaine *dénaturée, dégénérée.*

ARCHITECTURE ROMANE

Le style *roman*, qui domina jusqu'au style *byzan-
tin*, c'est-à-dire jusqu'au XIe siècle, est un style massif, lourd et simple jusqu'à la naïveté. Les églises
sont petites, oblongues, avec des murailles épaisses ;
ses colonnes sont de gros piliers ronds, souvent
réunis deux à deux et appliqués à des pilastres ; les
portes et les fenêtres sont à plein cintre, étroites,
quelquefois à demi bouchées.

Intérieurement, surtout derrière le chœur, —
encore sans abside et sans chapelles, — des colonnes,
courtes, écrasées et incrustées dans le mur, supportent de petites arcades inégales en hauteur et en

SAINT-SERNIN, A TOULOUSE.

largeur. Et elles sont là comme ornement, mais non pas pour former des niches de saints, car on ne voit à cette époque aucune statue dans les églises. Toutefois, les artistes, — probablement en souvenir de l'architecture romaine dégénérée, — retracèrent souvent sur les chapiteaux des personnages grossièrement et naïvement sculptés, ou bien des démons, et des animaux symboliques ou de fantaisie.

Sous le style roman apparurent les premières cloches, avec des tours carrées pour les contenir ; de même que les premières *cryptes,* ou caveaux sous les églises, pour enterrer les morts.

ARCHITECTURE BYZANTINE

Au xie siècle, l'influence de Byzance se fit sentir en Occident, et le style d'Orient pénétra dans l'architecture et dans ses ornements sous la dénomination de *byzantin.*

Lorsque l'empereur Constantin eut choisi Byzance pour sa nouvelle capitale, le christianisme ne trouvant pas là comme en Italie des temples anciens pour y célébrer son culte, on dut élever de nombreuses basiliques ; et ces créations firent naître une innovation dans l'architecture.

On construisit des temples circulaires, carrés, ou en forme de polygone ; on les surmonta de plusieurs coupoles, avec dômes cylindriques ; et les voûtes remplacèrent les charpentes et les toits inclinés. A l'intérieur, on établit, sous forme de jubé, une séparation entre le chœur et la nef, ce qui rendit les cérémonies plus mystiques. Les fenêtres s'entourèrent d'abord de cordons de briques de différentes couleurs, d'un effet assez original ; puis, dans la suite, de fresques et de cette riche variété d'ornements peints et rehaussés d'or dont, aujourd'hui, l'imitation par trop exagérée fait couvrir toutes les colonnes et les parois de nos églises.

La Russie, qui, à son origine, a été en relation directe avec Byzance, a eu et a presque encore aujourd'hui une architecture toute *byzantine ;* mais la France, plus éloignée et plus envahie par les styles d'Occident, n'a élevé ou conservé que de rares monuments byzantins. Néanmoins, l'on voit quelques-unes de nos églises couronnées de coupoles, ou ayant des sculptures et des chapiteaux qui représentent des palmes, des feuillages aigus, ou bien ces figures longues, aux vêtements symétriquement bordés de perles, qui rappellent le style *byzantin.*

Chez nous, le caractère principal de ce style, en

SAINT-FRONT, A PÉRIGUEUX.

14.

architecture, est de présenter dans la forme des fenêtres, des portes et des voûtes *non un plein cintre*, mais *un arc surhaussé*, c'est-à-dire allongé dans le haut. Les ouvertures, généralement précédées (intérieurement) d'une voûte évasée qui est ménagée dans l'épaisseur du mur, donnent lieu à des *archivoltes,* cordons ou bandes cintrés, suivant l'arête de la voûte et reposant sur ces colonnes courtes et sans piédestaux. Et ces bandes cintrées sont ordinairement garnies d'ornements de formes géométriques et variées, tels que zigzags, losanges, étoiles, carrés, avec un rond central, etc.

Les archivoltes sculptés (souvent peints et dorés) sont le principal ornement byzantin des grandes portes d'église. Nombreux, différents de largeur et de dessin, ils s'étendent parallèlement en cintre, suivant la forme évasée de la voûte qu'ils garnissent de bandeaux tout ciselés de ces dessins géométriques. Ordinairement, ces bandeaux reposent en demi-cercles sur de petites colonnes correspondantes ; mais quelquefois il n'y a pas de colonnes, et les archivoltes sculptés règnent jusqu'au bas, ne s'arrêtant que sur un piédestal simplement arrondi. Le chapiteau byzantin imite grossièrement le corinthien, ou présente des cannelures régulières, des serpents enlacés et primitivement de simples faces plates sans ornement.

ARCHITECTURE OGIVALE

Au xiie siècle apparut l'architecture improprement nommée gothique. Son caractère particulier est la forme ogivale, qui est probablement née de l'imitation de l'arc aigu des constructions des Arabes, qui envahissaient alors une partie de l'Europe.

Dans l'espace d'un demi-siècle, le style *ogival* opéra une révolution complète dans l'architecture, et il se soutint jusqu'à l'époque de la *Renaissance*.

Dès le ive siècle, à la forme presque carrée des anciens temples païens, transformés en basiliques chrétiennes, on avait ajouté deux constructions latérales (*les transepts*) pour imiter une croix[1]; l'archi-

---

1. L'on doit connaître le symbole architectural des temples chrétiens. Les architectes, s'inspirant de cette parole de saint Paul : « L'Église est le corps de Jésus-Christ, » imaginèrent une construction qui rappelât la figure de Notre-Seigneur étendu sur la croix.

Le corps allongé du monument, qui forme la nef, est le corps du Christ ; les deux transepts latéraux, qui s'étendent entre la nef et le chœur, imitent les bras tendus sur la croix ; le chœur, souvent un peu incliné d'un côté, représente la tête expirante, environnée plus tard d'une couronne d'absides ; et les deux tours de la façade extérieure figurent les pieds, comme, à l'intérieur, la chaire figure le cœur de Dieu, d'où découlent sa loi, ses consolations et sa

tecture gothique prolongea le chœur et établit des absides, qui, plus tard, se garnirent de chapelles. Les portes, qui étaient de chaque côté du chœur, furent reportées à l'extrémité de ces *transepts*.

La forme de l'ogive, qui est, comme on le sait, à la fois pointue et arrondie, fut appliquée partout et à tout : aux voûtes, aux fenêtres, aux portes et aux ornements.

Des voûtes elliptiques et gigantesques, — construites avec des pierres très poreuses ou en béton de ciment afin d'être moins lourdes, — apparurent, soutenues sur des faisceaux de colonnes allongées et d'autant plus minces en apparence qu'elles se détachaient, se dessinaient, au moyen de la sculpture, dans les blocs de pierre. Les unes s'élevèrent d'un seul jet, uniformes dans toute leur longueur ; d'autres s'élevèrent superposées au-dessus les unes des autres, avec des piédestaux et des chapiteaux, ne supportant pas, mais marquant la place de doubles étages de galeries circulaires, également voûtées et à petites colonnes. Et toutes ces galeries, ces balustrades, sculptées à jour, donnèrent encore plus de légèreté et d'élévation apparente à l'édifice.

parole traduite par ses ministres ; tandis que les cloches rappellent sa voix qui nous convie à venir l'entendre et le prier.

Les chapiteaux gothiques rappellent la forme corinthienne, ou représentent de grosses feuilles, bien galbées, et s'arrondissant en volutes.

Les fenêtres, étroites, allongées, quelquefois réunies deux à deux par un meneau en pierre, sont ornées de nombreuses et délicates voussures elliptiques. Au xive siècle, alors que les chapelles furent adaptées aux nefs latérales, — probablement pour les mieux éclairer, — les fenêtres s'élargirent et furent divisées par plusieurs meneaux en forme de colonnettes, surmontées d'une imposte ogivale percée à jour par des trèfles ou des rosaces à trois feuilles.

Les portes, au nombre de trois aux façades des grandes églises, sont couronnées de *tympans* sculptés, et précédées d'un portique ou large voûte elliptique qui, tout en rappelant le porche des constructions byzantines, en diffère par la richesse de ses ornements. Ces ornements représentent tantôt des nervures gothiques, sculptées à jour, et tantôt une suite de saints, suspendus au-dessus les uns des autres sur de petits piédestaux. Au xve siècle, l'arceau le plus extérieur et le plus grand de cette voûte est surmonté d'un *pinacle* ou fronton pyramidal délicatement sculpté, qui supporte une statue ou bouquet de chardons.

CATHÉDRALE DE REIMS.

Dans ce xve siècle, où l'architecture se fait remarquer par d'importantes innovations, le style ogival prend la dénomination de *prismatique*, parce que, alors, la forme arrondie des colonnes, des moulures, des archivoltes, des galeries, est remplacée par des nervures anguleuses et prismatiques. Et une autre particularité qui le distingue encore, c'est que, dans les ornements et les chapiteaux, la feuille d'acanthe est généralement remplacée par des feuilles de chardon et de chou frisé.

Mais, à l'extérieur des cathédrales gothiques, l'architecture ogivale a imaginé autant et peut-être plus qu'à l'intérieur de riches et originales créations. Car, indépendamment des grandes fenêtres circulaires au-dessus des portes (*les roses*), si merveilleuses par leurs admirables vitraux et par leurs nervures *flamboyantes*, c'est-à-dire sculptées, contournées comme des flammes; indépendamment des pittoresques et gracieux arcs-boutants qui se superposent les uns sur les autres avec leurs clochetons sculptés et leurs élégantes aiguilles à crochets, qu'y a-t-il de plus merveilleux, de plus extraordinairement imposant, que ces gigantesques clochers qui paraissent s'élever jusqu'à Dieu! (Entrepris surtout aux xiie et xiiie siècles.)

15

Là, toute la science, toute la richesse, toute l'audace de l'architecture se trouvent réunies.

Tantôt ce sont d'immenses tours octogones, enfermées dans un entourage à jour de sculptures aussi hardies que légères, au point qu'elles semblent se soutenir toutes seules en l'air, — comme les clochers de la cathédrale de Toul. Tantôt ce sont des flèches, sculptées comme de la dentelle, dont la cime se perd dans les nuages et devient parfois invisible, — comme celle de la cathédrale de Rouen. Ou bien, ce sont des clochers qui, s'élevant sur une base de perfections, sur une profusion de sculptures et de richesses architecturales, réunissent, dans leurs étages merveilleux, de simples tours rondes, la forme octogone et la flèche élancée, — comme le montre la cathédrale d'Évreux.

Enfin c'est au commencement du xvie siècle que l'architecture ogivale atteignit à son plus haut degré de perfection, ou plutôt de luxe et de richesse dans son ornementation. Toutes ses moulures, toutes ses sculptures de galeries, de balustrades, de voûtes, d'arcades, de voussures, de pinacles, de clochetons, etc., furent embellies ou surchargées de festons, d'entrelacs, d'arabesques et de véritables broderies fouillées dans la pierre; si bien qu'elle fut

CATHÉDRALE D'ÉVREUX

désignée à cette époque sous le nom de *gothique
fleuri*. Mais ce genre surchargé d'ornements, cette
profusion de détails nuisirent peut-être à la pureté
des lignes et de la forme; dans tous les cas, il
semble qu'ils énervèrent sa belle simplicité et sa
force, car, pareille aux splendides fleurs qu'elle s'attacha surtout à imiter, elle émerveilla, elle brilla
quelque temps d'un vif éclat, puis elle pâlit, le bon
goût se corrompit, et, au lieu de continuer à pro-
gresser, elle dégénéra et fut peu à peu délaissée.

ARCHITECTURE DE LA RENAISSANCE

Nous le répétons, au XVIe siècle, lorsque le style
gothique fut arrivé à sa plus grande splendeur par
la richesse et la variété de ses sculptures et de ses
ornements, comme ayant dit son dernier mot,
comme épuisé par ses prodigieuses créations, il
dégénéra et fut remplacé à son tour par l'architecture de la *Renaissance*.

Ce dernier style vint de l'Italie. Les artistes italiens, qui avaient toujours eu devant les yeux des
temples ou des ruines de l'antiquité, s'étaient forcément inspirés de ces modèles, de même qu'on
s'était naturellement servi de ces débris dans les

constructions nouvelles. (Et c'est par ces deux raisons que, bien que Rome fût la métropole et le foyer du christianisme, l'architecture gothique eut de la peine à y pénétrer.)

A la fin du XVe siècle, ces artistes italiens se mirent franchement à étudier et à imiter les monuments grecs et romains dont ils firent renaître le style, et c'est pour cela que leur école prit le nom de *Renaissance*. Cependant leurs nouvelles constructions, tout en rappelant et reproduisant les formes et les lignes exactes de l'art antique, conservèrent un caractère moderne; aussi les architectes de la *Renaissance* élevèrent bien plutôt des édifices, des palais *romanisés* pour ainsi dire, que des temples romains ou grecs.

En effet, on reconnaît aisément le style de la *Renaissance* à un mélange — souvent heureux, gracieux à la vérité, mais trop évident — des différents styles connus.

Dans les monuments religieux, l'on voit des ouvertures ogivales avec des trophées modernes sculptés sur les tympans, au-dessus desquels s'élève un pinacle gothique... Les fenêtres affectent aussi la forme ogivale, plus ou moins variée ou dénaturée; les roses n'ont plus les nervures flamboyantes, mais

CATHÉDRALE SAINTE-CROIX, À ORLÉANS.

des divisions concentriques et régulières. Sous des galeries à arceaux gothiques, les balustrades ne sont pas découpées en ogives, mais en trèfles élargis ou en étoiles encadrées dans un cercle sculpté. Enfin les clochers montrent, sur un étage gothique quelquefois orné d'arabesques, un étage cylindrique et entouré de colonnes avec entablement circulaire, dont la forme et la disposition rappellent un temple grec. Telle est la cathédrale d'Orléans.

Dans les édifices particuliers, ce sont de sveltes colonnes ou des pilastres peu saillants incrustés dans les murs, avec des chapiteaux formés tantôt de l'acanthe grecque, tantôt de feuilles de chardon ou de chou frisé. Ces colonnes supportent, aux différents étages, sur de simples cordons horizontaux en manière d'entablements, des ornements en bas-relief placés dans des cadres; lesquels ornements sont des coquilles, des arabesques, des salamandres, ou bien des bustes d'hommes et de femmes de l'époque qui se détachent du centre de riches médaillons.

Quelquefois les colonnes se superposent jusqu'au comble où elles soutiennent plusieurs petits frontons, qui souvent sont dominés par des tourelles rondes aux toits pointus, saillantes des murs, et qui prennent naissance seulement au premier étage où elles s'assoient sur des culs-de-lampe. Enfin, les ouvertures régnant au-dessus et au-dessous des lignes d'ornements sont divisées en quatre ou plusieurs parties par des meneaux qui forment des fenêtres et des guichets. Tels sont les principaux aspects de l'architecture de la *Renaissance.*

Mais la profusion et la variété des ornements de ce style furent précisément cause de sa dégénérescence. Au XVIIe siècle, il s'établit une grande licence dans l'art. Les artistes, abandonnant la pureté des lignes, suivirent les inspirations de leur seule imagination ; les ornemanistes surtout, ne s'attachant plus à l'imitation exacte des modèles de la nature, sculptèrent sur les édifices des ornements incorrects, lourds, négligés ou incertains de forme ; ils représentèrent des feuillages grimpants, tortillés, confus, et cela produisit une fâcheuse corruption dans l'art.

Cependant, en France, ce genre d'architecture illustra le règne de François Ier ; ceux de Catherine et de Marie de Médicis, qui firent construire les Tuileries et le palais du Luxembourg ; il embellit l'époque de Louis XIV, qui fit faire la mosaïque de Versailles et une partie du Louvre ; et, depuis lors jusqu'à nos jours, c'est encore le style de la *Renais-*

sance qui a prévalu. Toutefois, il a été plus ou moins

HOTEL RENAISSANCE.

imité, plus ou moins altéré suivant le goût de
l'époque et des architectes; et aujourd'hui nos

monuments, tout en rappelant ce style, le présentent fortement modifié par un retour à l'imitation des temples grecs et romains.

Mais pour mieux dire, aujourd'hui, siècle de liberté et d'indépendance, il en est de l'architecture comme de la toilette des dames... Les architectes et les ornemanistes s'inspirent de toutes les époques, imitent un peu toutes les formes; et il reste à savoir si ces exemples et ces souvenirs multiples nous donnent ou nous donneront des productions supérieures, soit à leurs modèles, soit à une création unique, neuve et homogène, — que l'on doit certainement souhaiter, — mais qui ne s'est pas encore révélée d'une manière bien apparente.

A présent, mes jeunes lecteurs, vous voilà devenus savants en architecture... Tout au moins, vous voilà capables de reconnaître, de distinguer ses beautés, ses différents styles et ses âges; et je vous laisse voler de vos propres ailes, en prenant congé de vous.

LES ARTISTES

Les artistes, si maltraités par le sort, si critiqués par le monde, ou bien si glorieux, si admirés, si choyés, sont des êtres complexes, c'est-à-dire à la fois heureux et malheureux, parfaits et imparfaits. De là naissent leurs allures souvent différentes de celles des autres, ce qui les fait passer pour des types originaux et bizarres.

Il est certain que ces hommes ont une double vie : une vie idéale et une vie positive ; qu'ils vivent par la pensée autant que par le corps ; que leurs impressions, très délicates, très sensibles et irritables quelquefois, ne se contiennent ou ne se dissimulent pas assez ; mais néanmoins l'artiste, généralement parlant, est un homme comme les autres, si ce n'est que chez lui le sentiment du beau, du grand, du merveilleux, est plus fortement développé. (Je parle du véritable artiste, et il n'y a pas de règle sans exceptions.)

De cette nature, de ce caractère, que résulte-t-il ?

C'est que ne trouvant pas assez souvent dans le
monde le beau, le grand et le merveilleux, — qu'il
aime et qu'il a raison d'aimer, — il le recherche dans
le passé ou l'imagine ; il le crée en s'inspirant de
ses pensées. C'est donc une créature qui se fait
créateur.

Eh bien, pour créer, que doit-il faire? Connaître
l'essence et la vérité de chaque chose afin de rendre
tout vraisemblable, même le merveilleux ; être naturel, c'est-à-dire se rapprocher le plus possible de
la nature, le premier et grand modèle de tout ce
qui est. Il lui faut imiter, rappeler d'une manière
juste et vraie les formes et les sentiments qui
doivent concourir à l'ensemble de sa création; et,
pour cela, il faut qu'il commence par *voir juste* et
par rechercher, par distinguer *la vérité* de chaque
époque et de chaque chose.

Est-il donc étonnant alors qu'en recherchant sans
cesse la réalité, qu'en se rendant compte de tout ce
qui est et nous environne, il désapprouve et foule
aux pieds beaucoup de préjugés admis sans judicieuse raison, et que, restant à la même place sur
le piédestal de la nature et de la vérité, sans suivre la
société dans ses changements capricieux et bizarres,
il diffère d'elle, ou plutôt qu'*elle* diffère de lui et

l'accuse d'être un type original parce qu'il est resté naturel ou le même, tandis qu'*elle* a changé?...

Cependant, malgré ces différences notoires, les artistes sont plus semblables aux autres hommes qu'on ne le croit ; car l'art est l'image apparente ou exprimée des émotions, des sensations, des impressions humaines, et conséquemment tout homme a en lui le sentiment artistique ; seulement, il le perd ou le conserve plus ou moins. Voyez, dans notre jeunesse, ne sommes-nous pas toujours enthousiastes pour les choses belles, extraordinaires ou merveilleuses? Eh bien, c'est que le sentiment d'art et de poésie nous domine alors.

Plus tard, à un certain âge, soit par *habitude,* soit par *intérêt,* nous subissons forcément les préjugés de la société ; nous suivons ses variations, ses modes d'année en année, et nous prenons tous la même manière de voir, le même aspect uniforme. Mais, néanmoins, le sentiment artistique ou poétique subsiste toujours au fond de chaque homme, car, dans les grands événements, devant les grandes scènes, les grandes actions qui émeuvent, qui ébranlent notre indifférence ou notre insensibilité, l'enthousiasme reparaît pour un instant chez nous, quels que nous soyons.

Les artistes, seuls, résistent toute leur vie à cette variation de la société, à ces préjugés, à cette tyrannie, à cette influence, parce que, d'abord, ils désapprouvent ces préjugés, et puis ensuite parce qu'ils sont toujours forcés de s'entourer de la vérité pour faire des œuvres justes et naturelles. C'est donc précisément de ce que, par sentiment, par état si l'on veut, ils ne suivent pas volontiers comme la plupart ces changements, ces caprices, ces modes de la société, qu'ils en diffèrent, soit par leurs idées, soit par leur manière d'être, et que la société les appelle originaux et bizarres.

En effet, — en observant, en jugeant sérieusement, — est-ce les artistes qui ont tort, qui sont changeants, originaux et bizarres, ou bien la société?... Qu'on compare à cinquante ans d'intervalle les modes d'une époque avec celles d'une autre époque, les mœurs, les idées même, on les trouvera bien changées, bien différentes... Tel qui a été admiré alors serait ridicule aujourd'hui ; tel qui était jugé fort paraîtrait faible ; ce qui était bien, bon ou respectable, serait à présent mal, mauvais, peut-être méprisable... Et cela tient autant à l'inconstance et au caprice, qu'à la perfection de la société.

A présent, que l'on compare la *morale,* le *beau*

artistique, le *bien réel,* à différentes époques, et l'on verra que tout cela n'a pas changé et ne changera jamais. La vertu d'autrefois est toujours la vertu d'aujourd'hui, les grandes œuvres des artistes du passé sont toujours remarquables, et le beau d'autrefois a traversé des siècles et nous sert encore de modèle.

Reprochera-t-on encore aux artistes d'être bizarres dans leurs manières, dans leur mise, dans leurs paroles? C'est quelquefois vrai; mais cela a sa raison d'être ou est excusable, car l'esprit fortement surexcité, laborieusement concentré sur un travail élevé ou difficile est distrait alors de toute préoccupation mondaine. Que fait à un être qui cherche à donner une belle forme à une belle pensée, qui, afin de poétiser ses impressions, transporte son esprit dans un monde idéal, ou bien ne travaille que pour la gloire et l'immortalité, que lui fait alors, disons-nous, d'avoir les cheveux longs ou courts, les manches de son habit larges ou étroites, un appartement en désordre, le ton et la démarche du jour!

Et puis, l'esprit tendu et fatigué outre mesure a quelquefois besoin de repos, de distraction, de délassement ; et c'est ainsi que le grand artiste, descendant des hauteurs intellectuelles de l'art, se

délasse souvent par des jeux naïfs qui laissent sa
tête libre, et qui, à première vue, pourraient le faire
juger pour faible d'esprit ou bizarre. — Qu'on se
rappelle Henri IV jouant dans son palais *au cheval*
avec ses enfants. (Henri IV n'était pas un artiste,
soit, mais c'était un homme supérieur, et c'est la
même chose.) Du reste, il existe cent autres exemples pareils.

A l'atelier, dans leurs moments de loisir : Horace
Vernet aimait à battre du tambour, et Ary Scheffer
prenait un véritable plaisir à déchiffrer les rébus de
l'Illustration.

Après cela, les artistes vivant — comme nous
l'avons dit — autant par la pensée et l'intelligence
que par le corps, il arrive de temps à autre que leur
imagination, trop contrariée ou fatiguée, est énervée,
chagrine, malade, sans que le corps le soit et sans
qu'on en comprenne ou excuse la cause. Il est encore
vrai que l'artiste est souvent distrait, bourru ou
maussade, qu'à certaines heures il n'a pas l'esprit
libre et que parfois il peut même paraître (jugé
comme homme ordinaire) incapable ou incomplet...
En effet, il est non seulement et continuellement
absorbé par ses observations et ses pensées, mais il
est forcément esclave de ses impressions ; — et c'est

la conséquence fâcheuse et rationnelle de sa force et de son mérite.

Ensuite, le plus fort moraliste l'a dit : « L'artiste doit être libre et étranger aux occupations vulgaires ; il ne se doit inquiéter que des choses de sa science. » Et nous ajouterons : *C'est déjà bien suffisant.*

C'est pourquoi les conversations oiseuses l'importunent, les soucis de ménage l'irritent, les exigences matérielles l'épouvantent, — *non parce qu'il ne pourrait en triompher, mais parce qu'elles le distrayent* de ses pensées poétiques ou de ses conceptions laborieusement combinées, méditées, ou bien d'une précieuse inspiration qu'il sait bien n'être que passagère. Aussi il est tout autre à certains moments.

Lorsqu'il a noté ce qui l'absorbait, arrêté ce qu'il entrevoyait dans son imagination, ou lorsqu'il a vaincu la difficulté contre laquelle il luttait, il ne *demande pas mieux que d'être distrait de son travail* et de s'occuper de choses légères ou étrangères. Alors il s'intéresse aux futilités, il réplique aux plaisanteries avec gaieté ou esprit, quelquefois avec bonté, car il n'a d'indifférent que sa première écorce, souvent durcie par la peine, la crispation que lui donne son travail, et, dès que vous l'avez pénétrée, vous trouvez en lui du cœur, tout brusque, impatient ou orgueilleux qu'il soit ou paraisse. Mais cette inégalité d'humeur, cette différence de conduite et d'allure lui donnent en apparence un caractère bizarre, fantasque et capricieux, ou bien le font qualifier d'homme original et incomplet.

Cependant, pour bien juger sa profonde et singulière application, il faudrait se mettre à sa place.

Pour cela, il faut que le chasseur pense à la colère que lui donne le mâtin hargneux et bruyant du métayer, lorsque dans un champ, son fusil à l'épaule, il avance avec précaution derrière son chien en arrêt. — Il faut que le vieillard ou l'homme âgé pense au déplaisir que lui cause l'arrivée d'un tiers, qui vient interrompre sa conversation avec un vieil ami qui lui rappelait ses souvenirs de jeunesse; — la jeune femme, à l'impatientante vexation qui s'empare d'elle, lorsqu'un bruit inattendu l'empêche d'écouter et de satisfaire sa curiosité... — Enfin, le jeune enfant étendant la main pour saisir un papillon aux brillantes ailes, et le voyant s'envoler de la fleur que le vent a malencontreusement agitée... Tel est l'artiste que l'on distrait de son inspiration.

Qu'on le sache bien, l'inspiration ne vient pas toujours lorsqu'on est libre de son temps, pas même lorsqu'on la recherche; le plus souvent, on l'éprouve fortuitement, elle apparaît et disparaît *comme un éclair*, et c'est au peintre à bien voir cet éclair, à le graver dans son souvenir, et à se hâter de le rendre sur la toile tandis que le reflet ou l'écho est encore en lui. Ou bien, si l'on fait naître cette inspiration à force de réfléchir, à force d'éveiller des souvenirs et de concentrer ses facultés en soi-même,—à l'exemple du maréchal, il faut battre le fer tandis qu'il est chaud, car, telle que ce fer, qui ne brille qu'un instant sur l'enclume, elle se refroidit plus ou moins vite dans la mémoire.

Mais, après tout, si l'artiste n'avait pas certaines allures originales, s'il était uniformément semblable à tout le monde, ce monde, qui le blâme, ne l'admirerait, ne le remarquerait pas; car le public aime toujours le merveilleux et les choses singulières. Et même un artiste irréprochable dans sa mise, bien régulier dans sa conduite, et qui s'occupera sagement des détails intérieurs de son ménage, celui-là pourra bien être un homme de talent, mais rarement un homme de génie.

Toutes ces particularités, toutes ces singularités qu'on remarque chez les artistes sont très excusables, comme nous l'avons dit, et ne sont rien ; mais il existe des travers, des défauts, non pas précisément inhérents à leur nature, mais exagérés par eux, et qui sont regrettables.

Généralement, ils montrent un amour-propre excessif, un trop grand orgueil, et entre eux une rivalité trop passionnée. L'artiste en herbe se croit plus que ses pareils, beaucoup plus qu'un homme ordinaire ; celui qui a eu *un* succès est déjà gonflé d'orgueil ; l'artiste réussi est inabordable ; et bien peu accordent *sans restriction* du talent aux autres... Mais voyons cela de plus près, en en recherchant les raisons.

Étant jeune, dès le commencement, pour faire un seul pas, ainsi que nous l'avons déjà démontré, l'artiste est obligé d'être observateur : pour imiter son modèle il faut qu'il réfléchisse, qu'il calcule, malgré la folle étourderie de son âge ; enfin qu'il se rende absolument compte de ce qu'il a devant lui. L'observation des formes de son modèle, du jeu des mouvements, des effets variés du jour, des changements de couleur, tout cela lui ouvre les yeux sur les beautés impalpables de la nature ; son esprit soulève un coin du voile de cette admirable ordonnatrice, et, sans en comprendre encore les secrets et les perfections, il les entrevoit.

Alors, apercevant ce que d'autres ignorent, il se
sent tout de suite au-dessus des ignorants et du
commun des hommes, et avec sa nature plus ou
moins ardente, mais toujours impressionnable, il
prend de lui une haute idée. — D'autant plus qu'il
est à l'école de la gloire, et qu'à cet âge il ne
doute jamais d'y arriver.

Puis, à mesure qu'il parvient à imiter la nature,
à mesure qu'il découvre les beautés invisibles aux
profanes, il exagère lui-même sa petite supériorité, si
bien qu'avec la présomption et la légèreté de la
jeunesse, il méprise ou raille tout ce qui n'a pas
l'esprit artistique. Et il comprend dans sa moquerie
préventive (sous la dénomination de *bourgeois*) tous
les hommes qui agissent dans la vie sans se préoccuper de la poésie et de l'intellect des choses... Sans
penser et comprendre que *lui* serait peut-être incapable de faire les travaux utiles qu'ils font et réussissent chaque jour, travaux souvent simples et faciles
à la vérité, mais qui deviennent difficiles et méritants
par leur continuité, leur multiplication et par la régu-
larité et la constance qu'il faut y apporter, sans
songer surtout que si l'*artiste* ne parvient pas à s'élever à la hauteur d'une étoile qui resplendisse et
qu'on admire, il n'est souvent, dans la société, qu'un

tison inutile qui se consume tristement sous la cendre.

Plus tard, pour arriver à un certain degré de talent, il lui a fallu vaincre des difficultés réellement grandes. Et, pour représenter les actions des hommes, en étudiant les sentiments et les mobiles qui les font agir, en se rendant compte de tout : des événements, des caractères et des personnages historiques, il ne trouve pas toujours ces derniers à la hauteur de leur réputation, — car la célébrité bien souvent perd à l'analyse...

Dès lors, en raison de la désillusion qu'il éprouve sur la valeur des autres, la bonne opinion qu'il peut avoir ou qu'il a déjà de lui-même augmente. Sans voir ce qu'il a de mal, il regarde ce qu'il a de bien. Il réfléchit que *lui* s'efforce d'être vrai pour avancer dans sa carrière ; il se voit ou se croit naturel, créateur, unique père de ses œuvres ; trouvant toute sa force et son talent en lui-même ; — tandis qu'il voit les riches, les spéculateurs et les dignitaires réussir le plus souvent par l'effet de leur naissance, par l'effet du hasard ou des circonstances qu'ils ont rencontrées, de l'adresse ou de la fraude qu'ils ont déployée, ou bien des protections qu'ils ont eues. En cela il ne se trompe pas toujours, mais ordinairement il conclut trop vite à son avantage.

D'un autre côté, l'artiste réussi paraît trop souvent gonflé d'orgueil.

Ou bien il est arrivé par son propre mérite et par une supériorité réelle, et alors il est bienveillant pour les humbles, — à certaines heures ; — ou bien il est arrivé par des circonstances fortuites ou avantageuses, et alors il est toujours inabordable pour ceux qui lui sont inférieurs. Dans ce dernier cas, il ne quitte son aspect froid, brusque ou *grand homme* qu'avec les princes, les grandes dames et les riches amateurs. Mais, en général et presque toujours, il *subit* le visiteur inutile qui a pénétré dans son atelier ; il est avec lui distrait et silencieux. Si celui-ci lui fait compliment de son travail, comme souvent l'éloge ne tombe pas juste, le grand peintre se contente de saluer et de sourire, et, si on veut lui parler art ou peinture, ce sujet de conversation le contrarie visiblement.

En effet, autant l'artiste novice aime à discourir sur son art, à se poser et à montrer son savoir, autant l'artiste réellement fort évite de parler de sa spécialité, de la science qu'il possède ; il choisit de préférence un sujet où il est ignorant, — ce qui est regrettable.

Pourtant, cela a sa raison d'être : car un homme

qui s'occupe continuellement d'une chose finit par
en être rassasié, fatigué, et, pour se délasser, il faut
que son esprit s'en éloigne. D'autant plus qu'il redoute
les appréciations erronées ou fausses, qui l'ennuient
lorsqu'elles ne l'irritent pas. Il y a en cela de l'orgueil, de l'égoïsme et de la raison.

Mais si l'artiste ne parle pas volontiers au premier
venu, il parle abondamment, avec passion, lorsqu'il
discute avec ses pairs, ou lorsqu'il s'adresse à un
auditoire qui le comprend et l'apprécie. Alors, il
montre avec ardeur ou généreusement le fond de sa
pensée.

Du reste, parler sans but de choses élevées à des
ignorants ou à des curieux, n'est-ce pas répandre inutilement des paroles précieuses qui demeurent sans
écho, prêcher dans le désert?... Et, comme dirait le
proverbe : « Il ne faut pas défricher les broussailles
avec une pioche d'or, il vaut mieux conserver l'or
pour faire des bijoux. »

Le vieil artiste — malgré son âge — est toujours
passionné pour l'art, pour son école, passionné dans
sa manière de voir et de comprendre la nature. S'il
n'a plus la force, la sève artistique dans la main et
dans la tête, il la conserve néanmoins dans le cœur,
et, lorsqu'il discute, elle perce dans ses petits yeux

brillant d'intelligence. A présent qu'il ne travaille plus ou qu'il travaille peu, il cause davantage ; il parle volontiers de son art, soit pour se rendre utile, soit pour se faire écouter. Et, s'il a réellement eu du génie ou du talent, il est ordinairement devenu plus indulgent pour les autres et modeste pour lui-même.

L'on trouvera que c'est là la marche ordinaire de l'esprit, la vieille histoire de l'humanité ; mais c'est une nouvelle preuve que les artistes sont des hommes comme les autres. Toutefois, ce qui n'est pas pour le commun des hommes, ce sont les impressions, le bonheur à part qui composent et remplissent la vie de l'artiste. Laissez-moi vous l'expliquer, vous l'ex-primer :

Lorsqu'il commence le délicieux supplice de sa destinée de gloire et de malheur, il voit tout en beau ou tout l'intéresse ! Tout l'intéresse : depuis la mystérieuse obscurité de la nuit, — qui est colorée pour lui, — depuis la teinte vague, bleuâtre et argentée que la lune répand sur la nature, jusqu'à la manière dont le soleil frappe chaque chose de ses rayons et de sa clarté. Sur chaque objet, l'artiste distingue une partie lumineuse, qui se fond en des demi-teintes d'une délicatesse et d'une finesse charmantes ; il distingue des ombres puissantes dont la vigueur fait la beauté, et des reflets brillants et superbes.

Il éprouve une sensation profonde à l'aspect du lever et du coucher du soleil : soit, en été, que son disque éblouissant monte ou descende derrière la terre, en lançant ses gerbes de feu sur la voûte unie du ciel ; soit qu'il colore de teintes variées les pittoresques nuages de l'automne, ou bien qu'il embrase l'horizon dans un vaste incendie.

Il est saisi d'une silencieuse admiration devant un lac tranquille et limpide, où se reflètent harmonieusement les grands arbres, le ciel et les roseaux, et devant de sombres rochers, dans les flots agités de la mer qui, dans leurs grands mouvements réguliers, se brisent et multiplient leurs formes et leurs couleurs.

Et puis, lorsqu'il imite tout cela sur le papier ou sur la toile, lorsqu'il arrive à le rendre apparent par ses efforts et par des oppositions bien combinées, lorsqu'il voit naître sous sa main la forme, la couleur et l'expression de ses souvenirs, de ses lectures ou de ses pensées intimes, il ressent alors une satisfaction toute particulière qui le console largement de la peine qu'il a pu avoir. — Faire comprendre ce que l'on éprouve après une journée de travail réussi, après un tableau, une œuvre artistique achevés, c'est impossible, il faut l'avoir ressenti. Il n'y a rien qui donne autant de joie, autant de bonheur que la contemplation émouvante de sa création, — soit idéale, soit imitée, — de sa pensée retracée et rendue évidente devant soi et par soi-même! Rien qui excite autant votre amour de l'art que les difficultés attrayantes, que l'esclavage de l'art lui-même, car, trop souvent trahi le lendemain par son œuvre que l'on avait vue ou cru voir bien la veille, on souffre quelquefois beaucoup, mais on l'aime toujours... on adore encore cette captivité attachante, et l'on redouble de soins et d'efforts pour mieux réussir!

Mais que ces impressions, que ce ravissement n'abusent et n'étourdissent personne : en fait d'art, le goût prononcé, l'inspiration même ne suffisent pas. Il faut absolument le savoir et l'acquit que donne l'étude, c'est-à-dire avoir la force de s'exprimer, la force de faire voir et comprendre aux autres ce que l'on voit et ce qu'eux ne voient pas seuls; enfin, avoir la force de créer une forme qui représente ou traduise ses impressions, lesquelles, sans cela, restent invisibles et méconnues.

16.

Si l'on se contente de jouir seul; bien! Mais, si l'on veut faire comprendre ses belles idées au public aveugle ou indifférent, afin d'en obtenir reconnaissance, satisfaction ou récompense, il faut pouvoir, je le répète, rendre évidentes et sensibles aux autres ses jouissances et ses sensations. En un mot, il faut être naturellement et complètement artiste. Et, si l'on n'est grand artiste que par la disposition de sa nature, on ne se maintient au premier rang que par la sanction des hommes, ou bien, lorsqu'on veut y arriver sans droit véritable, on déchire ou l'on brise ses grandes et délicates ailes sur le chemin étroit et épineux de la dure réalité, de la cruelle déception...

Certainement on obtient quelquefois le succès et la renommée par des circonstances fortuites; mais on ne les rend durables que par le talent. Si, pour atteindre à une réputation solide, l'*inspiration* est le premier degré, le *talent* le second, et le *génie* le troisième, le *hasard* n'est qu'une marche fragile ou pourrie, et en s'appuyant dessus on tombe d'autant plus bas qu'elle était placée haut.

Si donc vous êtes *réellement né artiste,* c'est-à-dire si vous êtes passionné pour les grandes et belles choses, si vous êtes profondément impressionné par les effets et les accents de la nature au point de pouvoir les rendre exactement, vous serez artiste malgré les obstacles, malgré vos ennemis, malgré vous-même, — et ce serait un malheur que vous ne le fussiez pas.

Mais, si vous ne voulez être artiste que pour vous distraire, vous singulariser, pour avoir un atelier de plaisir ou de *flânerie,* un travail indépendant de tout maître... ne le soyez pas! Car vous le serez inutilement; vous vous rebuterez; vous ne recueille-rez que des déboires; et ce sera un malheur pour vous, pour le public et pour votre famille.

————————

TABLE

—

HISTOIRE DE LA SCULPTURE

L'ARCHITECTURE

Paris. — MAY & MOTTEROZ, L.-Imp. réunies.
7, rue Saint-Benoît.

Enseignement Professionnel

BIBLIOTHÈQUE

DES

PROFESSIONS

INDUSTRIELLES, COMMERCIALES et AGRICOLES

PARIS

J. HETZEL ET Cᶦᵉ, ÉDITEURS

18, RUE JACOB, 18

BIBLIOTHÈQUE DES PROFESSIONS
industrielles, commerciales et agricoles

TABLE DES NOMS D'AUTEURS

ENVOI franco pour toute demande dépassant 15 francs et accompagnée de son montant en billets de banque, timbres-poste, mandats-poste, chèques ou mandats à vue sur Paris, coupons de valeur (déduction faite de l'impôt de 3 0/0).

Le prix du port est de 30 centimes pour les volumes de 3 francs et au-dessous; 50 centimes pour les volumes de 4 francs; 60 centimes pour les volumes au-dessus de ce prix.

NOTA. — Les ouvrages marqués d'un ※ ont été choisis par le ministère de l'Instruction publique pour les bibliothèques scolaires ou populaires. Le deuxième ※ plus petit désigne les ouvrages choisis par la Ville de Paris pour être distribués en prix.

Imp. réun. — May et Motteroz, Paris. — 4936.

BIBLIOTHÈQUE

DES

PROFESSIONS

industrielles, commerciales et agricoles

Parmi les bibliothèques spéciales, qui tiennent une si grande place dans la librairie contemporaine, il faut citer au premier rang la *Bibliothèque des Professions industrielles, commerciales et agricoles*, éditée par la librairie Hetzel. Bien que le champ soit vaste de toutes les connaissances exigées de ceux qui se destinent à l'industrie, au commerce ou à l'agriculture, les spécialistes n'ont qu'à choisir dans cette bibliothèque pour trouver aussitôt ce qui les concerne et les intéresse. Autant de branches de la science, autant de traités particuliers, composés et écrits par les personnes les plus autorisées.

La collection comprend onze séries consacrées à des ouvrages spéciaux, mais réunis tous, cependant, par un lien commun. Il y a une série pour les sciences exactes, une autre pour les sciences d'observation. Dans la troisième se trouve traité l'art de l'ingénieur; la quatrième s'occupe des mines et de la métallurgie. Ici sont étudiées les machines motrices; là les professions militaires et maritimes. Plus loin, sous la rubrique Arts et Métiers, sont passées en revue les professions industrielles; puis l'agriculture, le jardinage et ce qui s'y rattache, l'étude des eaux, des bois et forêts, et enfin l'économie domestique. On voit tout ce qui peut tenir de traités particuliers dans cette nomenclature générale. Chacun a son volume, accompagné de dessins explicatifs et de figures, quand il est nécessaire, pour les mieux mettre à la portée du public.

Il est aisé de comprendre qu'une telle collection ne peut pas être exactement limitée : elle doit se tenir à la hauteur des progrès et des inventions nouvelles qui, sans bouleverser de fond en comble les systèmes adoptés, les transforment en partie, ou tout au moins les modifient. Telle qu'elle est, on peut la considérer déjà comme supérieure à tout ce qui existe dans le même ordre d'idées. Le cadre général est plus vaste et peut s'élargir encore; quant aux traités particuliers, comment n'offriraient-ils pas toutes les garanties désirables, grâce aux noms des spécialistes qui les ont rédigés?

Cette bibliothèque répond donc à un besoin réel. Rien de plus clair et de plus complet n'a été fait jusqu'à ce jour, ni de plus réellement utile. Elle se distingue aussi bien par la variété des sujets que par la valeur propre de chacun d'eux. Nous ne saurions trop la recommander aux gens du monde, curieux de notions générales, et surtout aux personnes désireuses d'apprendre ou d'approfondir une spécialité.

LISTE DES OUVRAGES
PAR ORDRE DE SÉRIE

Série A. — Sciences exactes.

Série B. — Sciences d'observation.
CHIMIE — PHYSIQUE — ÉLECTRICITÉ

Série C. — Art de l'Ingénieur.
PONTS ET CHAUSSÉES — CHEMINS DE FER — CONSTRUCTIONS CIVILES

Série D. — Mines et Métallurgie.
GÉOLOGIE — HISTOIRE NATURELLE

Série E. — Professions Commerciales.

Série F. — Professions Militaires et Maritimes.

Série G. — Arts et Métiers.

PROFESSIONS INDUSTRIELLES

Série H. — Agriculture.

JARDINAGE. — HORTICULTURE. — EAUX ET FORÊTS.
CULTURES INDUSTRIELLES. — ANIMAUX DOMESTIQUES. — PISCICULTURE.

Série I. — Économie Domestique

COMPTABILITÉ. — LÉGISLATION. — MÉLANGES

Série J. — Fonctions Politiques et Administratives.

EMPLOIS DE L'ÉTAT, DÉPARTEMENTAUX, COMMUNAUX
SERVICES PUBLICS

Série K. — Beaux-Arts — Décoration
Arts Graphiques.

*Le cartonnage toile de chaque volume se paye 0,50 c. en plus
des prix indiqués.*

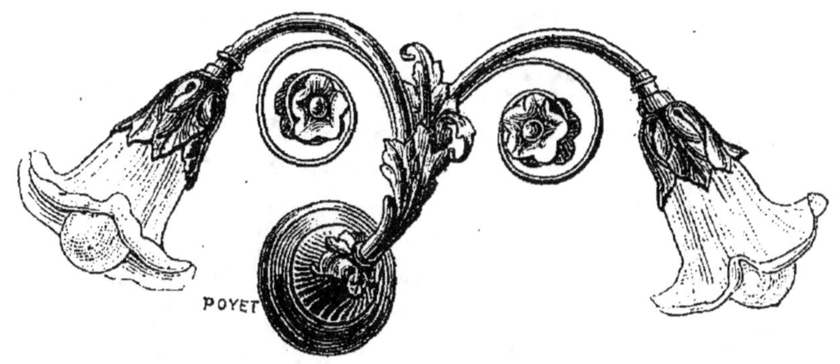

Gravure spécimen de *l'Ingénieur électricien*. (Voir page 22.)

TABLE DES MATIÈRES

TRAITÉES DANS LA

BIBLIOTHÈQUE DES PROFESSIONS

INDUSTRIELLES, COMMERCIALES ET AGRICOLES

ACIER (*Guide pratique de l'emploi de l'*), ses propriétés, avec une introduction et des notes de Ed. GRATEAU, ingénieur civil des mines, par J.-B.-J. DESSOYE, ancien manufacturier. 1 volume.... .... 4 fr.

Extrait de la table. — Considérations préliminaires. — Etudes historiques sur la fabrication de l'acier. — Etudes générales sur l'existence des propriétés natives. — Etudes sur l'emploi de l'acier, considéré dans ses propriétés caractéristiques. — De l'emploi de l'acier considéré dans les manipulations qu'on lui fait subir.

ACIER (*Traité de l'*), théorie métallurgique, travail, pratique, propriétés et usages, par H.-C. LANDRIN fils, ingénieur civil. 1 volume, avec figures........ 4 fr.

Extrait de la table. — Histoire de l'acier, sa métallurgie dans l'antiquité et dans les différentes contrées. — De la chaleur, de l'oxygène, du soufre, du phosphore, de l'eau, de la chaux, des minerais de fer, des combustibles. — De l'acier et de sa théorie. — Théorie de Réaumur, docimasie. — Métallurgie, acier naturel, acier de fonte, acier puddlé, acier cémenté, acier de fusion, acier du Wootz.

Nouveaux procédés : Procédé Chenot, procédé Bessemer, procédé Taylor, procédé Uchatuis, acier damassé. *Etoffes :* Travail de l'acier, raffinage, soudure, recuit à la forge, trempe, recuit à la trempe, écrouissage. *Propriétés de l'acier:* Des limes, du fil d'acier, des aiguilles, tôle d'acier, des scies.

AGENT VOYER (Voir Ponts et Chaussées, page 39).

AGRICULTEUR (Voir Chimiste-Agriculteur, p. 14).

ALLIAGES MÉTALLIQUES (*Guide pratique des*), par A. GUETTIER, ingénieur, directeur de fonderies, etc. 1 volume . . . . 2 fr.

Après avoir donné quelques explications préliminaires sur les propriétés physiques et chimiques des métaux et des alliages, l'auteur examine au point de vue des alliages entre eux les métaux spécialement industriels, c'est-à-dire d'un usage vulgaire très répandu (cuivre, étain, zinc, plomb, fer, fonte, acier). Il donne ensuite quelques indications générales sur les métaux appartenant aux autres industries, mais n'occupant qu'une place secondaire (bismuth, antimoine, nickel, arsenic, mercure), et sur des métaux riches appartenant aux arts ou aux industries de luxe (or, argent, aluminium, platine); enfin, il envisage les métaux d'un usage industriel restreint, au point de vue possible de leur association avec les alliages présentant quelque intérêt dans les arts industriels.

AMIDONNIER (Voir Féculier et Amidonnier, p. 23).

ANIMAUX (Voir Habitations des Animaux. page 26).

ARCHITECTURE (*Introduction à l'étude de l'*), par VIOLLET-LE-DUC. 1 volume. — **En préparation.**

ARCHITECTURE NAVALE (*Guide pratique d'*) à l'usage des capitaines de la marine du commerce, appelés à surveiller les constructions et les réparations de leurs navires, par Gustave BOUSQUET, capitaine au long cours, ingénieur. 1 vol. avec figures dans le texte. 2 fr.

Première partie. De la connaissance des cales, endroit où doit être réparé le navire. — Droit et tour d'une pièce. — Ecarts. — Quille. — L'étrave. — L'étambot. — L'assemblage des couples, etc.

Deuxième partie. Revêtements intérieurs. — La lisse. — Les carlingues. — Les livets. — Bauquières. — Barrots. — Epontilles, etc. — Revêtements extérieurs. Précintes, bordées, bois étuvés, chevillage, clous, calfatage, panneaux ou écoutilles, etc.

ASSURANCES (*Les*). *L'Art de s'assurer contre l'incendie*, par Arsène PETIT, avocat à la Cour de Paris. 1 volume. 3e édition.. . . . . 2 fr.

Extrait de la table des matières. — Préliminaires : Texte d'une police d'assurance. Toutes les clauses de la police sont-elles obligatoires? Quelle compagnie doit-on choisir? Ce qu'il faut faire avant de souscrire. — Des obligations de l'assuré : au moment de la passation du contrat; au cours de l'assurance; pendant et après l'incendie. — Des droits de la compagnie d'assurances. — Des droits de l'assuré : au cours de l'assurance; après un sinistre. — Des obligations de la compagnie d'assurances. — Applications diverses de la police. — Assurances à primes fixes et assurances mutuelles; tableau des compagnies; marchandises et professions dangereuses; défaut d'entretien et vices de construction; déclaration de sinistre à faire devant le juge de paix, le maire ou un notaire, etc., etc

ASTRONOMIE (*Manuel pratique de l'*), par Camille FLAMMARION. *L'art d'observer le ciel et de se servir des instruments d'optique.* 1 volume. — **En préparation.**

BEAUX-ARTS *(Introduction à l'étude des).* 1 volume.
— **En préparation.**

BERGERIES (Voir Habitation des animaux, page 26).

BETTERAVE *(Traité pratique de la culture et de l'alcoolisation de la).* Résumé complet des meilleurs travaux faits jusqu'à ce jour sur la betterave et son alcoolisation, renfermant toutes les notions nécessaires au cultivateur et au distillateur, ainsi que l'examen des méthodes de pulpation, de macération, de fermentation et de distillation employées aujourd'hui. 3ᵉ édition corrigée et considérablement augmentée, par N. BASSET. 1 volume avec figures dans le texte . . . . 2 fr.

BIÈRE (Voir Brasseur, page 10).

BIJOUTIER *(Guide pratique du).* Application de l'harmonie des couleurs dans la juxtaposition des pierres précieuses, des émaux et de l'or de couleur, par L. MOREAU, bijoutier et dessinateur. 1 volume avec 2 planches coloriées . . . . 2 fr.

BOIS EN FORÊTS *(Carbonisation des),* par E. DROMART, ingénieur civil. 1 volume avec figures et 1 planche . . . . 4 fr.

Extrait de la table des matières.— Bois. — Charbon de bois. — Carbonisation des meules en forêts. — Carbonisation des bois à goudron. — Appareils à vases clos. — Appareils à vapeur surchauffée. — Carbonisation des bois durs, des tiges de bruyère. — Analyse des charbons.

BOIS *(Guide théorique et pratique de Cubage et d'Estimation des)* à l'usage des agents forestiers, propriétaires, régisseurs, marchands de bois, et de toutes personnes qui s'occupent d'exploitation forestière, par Alexis FROCHOT, inspecteur des forêts, ancien élève de l'école forestière de Nancy. 3ᵉ édition, revue et augmentée. 1 volume avec tableaux, 35 figures et une planche graphique donnant les tarifs de cubage des arbres sur pied et des arbres abattus. . . . . 4 fr.

Extrait de la table des matières.— **Structure et défauts des bois. Cubage des bois abattus :** *Bois d'œuvre,* bois en grume, différents modes de cubage, bois méplats, bois équarris, différents modes d'équarrissage, mesures à l'équerre et à la ficelle. *Bois de feu,* évaluation du volume réel. *Exécution des calculs de cubage,* table de cubage et d'équarrissage, procédés de calculs rapides. — **Cubage des bois sur pied :** *Mesure des hauteurs.*

au dendromètre, à vue d'œil ; *Mesure des diamètres*, détermination des volumes types, tarifs de cubage. — **Estimation des bois sur pied** : *Estimation en matière. Différentes catégories de marchandises fournies par une coupe. Frais de transports, d'exploitation et de façonnage. Estimation en argent.*— **Estimation des forêts en fonds et superficie** : *Exposé. Procédés de calcul. Applications.* Tables de valeur.

Appendice : Des formes paraboliques appliquées au cubage des arbres. Cubage par la méthode des trois cylindres, etc., etc.

BOTANIQUE (* *Traité pratique et élémentaire de*) appliquée à la culture des plantes, par Léon LEROLLE, ancien élève de l'Ecole d'agriculture de Grand-Jouan, membre de la Société d'horticulture de Marseille. 1 volume, 108 figures dans le texte. . . . . 4 fr.

Extrait de la table.—De la germination des graines, choix et conservation des graines. — De la végétation des plantes, des bourgeons. — Phénomènes souterrains, phénomènes aériens, phénomènes anatomiques de la végétation. — Nutrition des végétaux, nature des substances absorbées par les racines, sécrétion, transpiration. — Agents essentiels de la végétation. — De la reproduction des plantes, du périanthe, des étamines, du pistil, des ovules. — Floraison. — Fécondation. — Fructification. — Granification.

BRASSEUR (*Guide du*) ou *l'Art de faire de la Bière*, par G.-J. MULDER, professeur à l'Université d'Utrecht. Traité élémentaire théorique et pratique. La bière, sa composition chimique, sa fabrication, son emploi comme boisson, traduit et annoté par L.-F. Dubief, chimiste, nouvelle édition revue et corrigée, par Ch. BAYE. 1 vol. 4 fr.

M. Mulder a tâché d'analyser tous les écrits qui ont été publiés sur ce sujet pour en tirer la quintessence en y apportant de son propre fonds. C'est un travail consciencieusement écrit, fruit de laborieuses études dont le brasseur pourra faire son profit.

BRIS ET NAUFRAGES (*Code des*), ou sûreté et sauvetage maritime, publié avec l'autorisation du ministre de la Marine et des Colonies, par J. TARTARA, commissaire ordonnateur de la marine. 1 volume. . . . . . 4 fr.

CAFÉIER ET CACAOYER (Voir Cultures exotiques, page 16).

❊ **CALCULS ET COMPTES FAITS** à l'usage des industriels en général et spécialement des mécaniciens, charpentiers, serruriers, chaudronniers, toiseurs, arpenteurs, vérificateurs, etc. Troisième édition complètement refondue des calculs faits de A. LENOIR, par Joseph VINOT. 1 volume et tableaux . . . . 4 fr.

L'objet de ce livre est d'éviter aux chefs d'atelier une foule de calculs souvent assez difficiles à résoudre ; enfin c'est un aide-mémoire qui est appelé à rendre de grands services par le temps qu'il fait économiser. Il se divise comme suit : 1o Arithmétique. — 2o Conversion — 3o Physique. — 4o Mécanique. — 5o Frottements, résistances. — 6o Cubage des métaux. — 7o Cubage des bois. — 8o Tables commerciales.

CALLIGRAPHIE. Cours d'écriture avec 32 planches, par L. BAUDE, 1 volume. . . . . 4 fr.

EXTRAIT DE LA TABLE DES MATIÈRES.— Objets et instruments nécessaires pour écrire. — Formes et variante de l'écriture anglaise. — De la manière de tenir la plume. — Principes généraux de l'écriture anglaise. — Des différentes grosseurs d'écriture. — Majuscules. — Minuscules. — Chiffres. — De l'expédiée ou cursive anglaise. — Des écritures fortes : Bâtarde, Coulée, Ronde et Gothique. — *De l'emploi dans l'écriture des accents, de la ponctuation et autres signes.*

CANARDS (Voir Lapins, Oies et Canards, page 29).

CANNE A SUCRE (Voir Cultures exotiques, page 16).

CARBONISATION DES BOIS (Voir Bois, page 9).

CARTON (Voir Papier et Carton, page 35).

CENDRES (Voir Potasses, page 39).

CHALEUR (*Théorie mécanique de la*), par R. CLAUSIUS, professeur à l'Université de Wurtzbourg, traduit de l'allemand par F. FOLIE, professeur à l'École industrielle, et répétiteur à l'École des mines de Liège.

Première Partie : Introduction mathématique. Mémoires sur la force motrice de la chaleur, sur les différentes manières dont se comporte la vapeur, sur la dépendance théorique qui existe entre deux lois empiriques relatives à la tension et à la chaleur, sur une nouvelle forme du second principe de la théorie mécanique de la chaleur, sur l'application de cette théorie à la machine à vapeur, sur l'application du principe de l'équivalence des transformations, sur la concentration de rayons de chaleur et de lumière, etc., etc. 1 vol. 4 fr.

Deuxième Partie : Mémoires sur l'application de la théorie de la chaleur aux phénomènes électriques et thermo-électriques, sur la conductibilité électrique dans les électrolytes, sur les mouvements moléculaires admis pour l'explication de la chaleur, sur la nature de l'ozone, etc., etc. 1 vol.. . 4 fr.

CHARCUTERIE PRATIQUE (*La*), par Marc BERTHOUD, ancien charcutier, ex-président de la corporation des charcutiers de Genève. 3e édition. 1 volume avec 74 figures. . . . . 4 fr.

EXTRAIT DE LA TABLE DES MATIÈRES. — *1re partie :* Le porc, différentes races, élevage, engraissement, maladies, transports. — Locaux, appareils, ustensiles. — Condiments, accessoires. — Abatage du porc, utilisation des différentes parties du porc, salaison, désalaison. — Premières manipulations. — *2o partie :* Charcuterie proprement dite : andouilles, andouillettes, boudins, saucisses, saucissons, jambons, petites pièces chaudes et froides. — Grosses pièces froides. — Sauces, accessoires. — Cochon de lait, sanglier. — Pâtisserie. — Terrines. — Décoration. — Conservation des viandes, conserves. — *3° partie :* Charcuterie allemande : saucisses, produits divers.

CHARPENTIER ✳ (*Le livre de poche du*), application pratique à l'usage des CHANTIERS, des ÉLÈVES DES ÉCOLES PROFESSIONNELLES, etc., par J.-F. MERLY, charpentier, entrepreneur de travaux publics, membre de la Société industrielle d'Angers, etc. Collection de 140 ÉPURES. 1 volume 287 pages de texte et planches en regard.. 4 fr.

L'auteur n'est pas un savant qui doit s'efforcer d'oublier la technologie de l'école pour parler le langage ordinaire de la plupart de ses auditeurs ; M. Merly est, au contraire, un ouvrier, un homme pratique, qui a cherché à se faire comprendre par les compagnons de travail auxquels il s'adressait, et qui est arrivé à des démonstrations si claires, à des explications si naturelles, que les théoriciens eux-mêmes ont bientôt eu à s'inspirer de ses travaux. Rien de plus net que ses dessins, rien de plus simple que ses préceptes : c'est en quelque sorte en se jouant qu'il arrive aux épures les plus compliquées. — C'est le résumé des cours faits par M. Merly à ses compagnons charpentiers.

CHASSEUR MÉDECIN (*Le*), ou Traité complet sur les maladies du chien, par M. Francis CLATER, vétérinaire. Traduit de l'anglais sur la 27e édition. 3e édition française, corrigée et augmentée, par Mariot-Didieux. 1 volume. 2 fr.

Le succès que ce livre a eu en Angleterre (vingt-sept éditions) dispense de tout commentaire. Le guide que nous avons placé dans notre Bibliothèque en est la troisième édition française. M. Mariot-Didieux, le savant vétérinaire, en acceptant la revision de cette édition, s'est attaché à supprimer dans le texte original des formules trop compliquées, à en simplifier d'autres et en ajouter de nouvelles. Ainsi entièrement refondu, l'ouvrage est véritablement un traité complet sur les maladies du chien, traité auquel un chapitre sur l'art de mégisser les peaux pour en faire des tapis sert de complément.

CHAUFFEUR (*Manuel du*), guide pratique à l'usage des mécaniciens, des chauffeurs et des propriétaires de machines à vapeur; exposé des connaissances nécessaires, suivi de conseils afin d'éviter les explosions des chaudières à vapeur, par JAUNEZ, ingénieur civil. 4e édition revue et corrigée. 1 vol., 37 figures dans le texte et 1 planche. 2 fr.

Extrait de la table des matières. — Pression de l'air. — Baromètre. — Compression de l'air. — Pompes. — Du calorique. — Thermomètre. — Quantité d'eau nécessaire à la condensation de l'eau. — De la vapeur d'eau. — Des moyens pour connaître la force de la vapeur. — Manomètre. — Soupapes de sûreté. — Conduite du feu. — Chaudière. — Giffard. — Incrustations et dépôts dans les chaudières. — Des soins et de l'entretien des machines à vapeur. — Résumé des moyens ayant pour but d'éviter les explosions. — Mise en marche des machines à vapeur. — Renseignements généraux, etc.

CHEVAL (*Élevage et dressage du*), par de SOURDEVAL. 1 volume. — **En préparation.**

CHIENS (Voir le Chasseur médecin, page 12).

CHIMIE (*Introduction à l'étude de la*), contenant les principes généraux de cette science, les proportions chimiques, la théorie atomique, le rapport des poids atomiques avec le volume des corps, l'isomorphisme, les usages des poids atomiques et des formules chimiques, les combinaisons isomériques des corps catalyptiques, etc., accompagnée de considérations sur les acides, les bases et les sels; traduit de l'allemand par Ch. GÉRHARDT, augmentée d'une table des matières présentant les définitions techniques et les relations des corps, par J. LIEBIG. 1 volume . . 2 fr.

CHIMIE GÉNÉRALE ÉLÉMENTAIRE, d'après les principes modernes, avec les principales applications à la médecine, aux arts industriels et à la pyrotechnie, comprenant l'analyse chimique qualitative et quantitative. Ouvrage publié avec l'approbation de M. le ministre de la Marine et des Colonies, par Frédéric HÉTET, professeur de chimie aux écoles de la marine, pharmacien en chef, officier de la Légion d'honneur, membre de plusieurs sociétés savantes.

TOME PREMIER. — *Généralités, Métalloïdes.* 1 volume avec 112 figures. . . . . 4 fr.

TOME SECOND.— *Métaux.* 1 volume avec 62 figures. 4 fr.

CHIMIE PURE (*Éléments de*), par le Dr SACC, professeur à l'Académie de Neuchâtel et à Genève (Suisse), membre correspondant de la Société nationale de l'agriculture. 1 volume. . . . . 4 fr.

Ce traité, comme le dit l'auteur, n'a qu'une ambition, celle de faire aimer cette admirable science, d'en exposer aussi brièvement que possible le champ immense de manière à la rendre abordable à tous. C'est la première tentative d'une *chimie naturelle* et pure.

CHIMIE INORGANIQUE appliquée à l'agriculture (Voir Sciences physiques, page 41).

CHIMIE ORGANIQUE appliquée à l'agriculture (Voir Sciences physiques, page 41).

CHIMISTE-AGRICULTEUR (*Manuel du*), par A.-F. POURIAU. 1 volume avec 148 figures dans le texte, et de nombreux tableaux, suivi d'un appendice. . . 4 fr.

Ce volume forme en quelque sorte le complément de la *Chimie organique* et de la *Chimie inorganique*. Il fait connaître les diverses manipulations, qui sont décrites avec un très grand soin. Il contient, en outre, un grand nombre d'indications d'une utilité toute pratique.

L'intention de l'auteur en le publiant a été d'offrir aux personnes qui s'occupent de chimie agricole un guide renfermant la description des méthodes les plus simples à suivre dans l'analyse des divers composés naturels ou artificiels qui sont du domaine de l'agriculture. Désireux de mettre son livre à la portée de tout le monde, l'auteur a toujours eu le soin, dans l'exposé de ses méthodes, d'établir deux catégories d'essais. Les unes essentiellement pratiques et accessibles à tous, et les autres plus exactes et qui exigent une plus grande habitude des manipulations chimiques.

CODE DES BRIS ET NAUFRAGES (Voir Bris et Naufrages, page 10).

COMMERCE DES VINS (Voir Vins, page 47).

CONSEILLERS GÉNÉRAUX (*Manuel des*). Loi organique des conseillers généraux, avec les commentaires officiels, par J. ALBIOT. (*Code départemental.*) 1 volume. 4 fr.

CONSEILLERS COMMUNAUX (*Manuel des*). 1 vol. — En préparation.

✻**CONSTRUCTEUR** (*Guide pratique du*). Dictionnaire des mots techniques employés dans la construction, à l'usage des architectes, propriétaires, entrepreneurs de maçonnerie, charpente, serrurerie, couverture, etc., renfermant les termes d'architecture civile, l'analyse des lois de voirie, des bâtiments, etc., par L.-P. PERNOT, officier de la Légion d'honneur, architecte-vérificateur des travaux publics. 3e édition, corrigée, augmentée et entièrement refondue, par C. TRONQUOY, ingénieur civil, et Ch. BAYE. 1 volume . . . . 4 fr.

CONSTRUCTEUR (Voir Maçonnerie, page 30).

CONSTRUCTIONS A LA MER (*Études et notions sur les*), par BOUNICEAU, ingénieur en chef des ponts et chaussées. 1 volume. . . . . 4 fr.
　　　　Et 1 atlas de 44 planches. . . . . 4 fr.
　　　　L'ouvrage complet. . . . . 8 fr.

Extrait de la table des matières. — *Définitions et préliminaires.*—Avant-ports. Bassins. Darses. — *Môles ou brise-lames.* — *Jetées.* — Ports à marée. Cheneaux. Dragues. Musoirs. Remorquage à vapeur dans les cheneaux. — *Ports d'échouage :* Epaisseur des quais. Ecluses. Portes d'èbe et de flot. Manœuvre des portes. Pose des portes. Ponts sur les écluses. *Bassins à flot :* leur forme, leur largeur, leur superficie. Valeur des places à quai. — *Nettoyage des ports.* — *Ouvrages pour la construction et le radoubage des navires :* Cales de construction. Cales de débarquement. Machines élévatoires. — *Ports dans les rivières à marée.* — *Canaux maritimes.* — *Ouvrages à l'issue des ports de commerce.* Phares. Phares en fer sur pieux à vis. Phares flottants. Feux de port. Bouées. Balises. — *Matériaux de construction.* Mortiers. Pierres, sables, chaux et ciments. Fabrication des mortiers. Briques, bois. Fondations par épuisement. Fondations mixtes sur pilotis. Fondations en rade.

CORPS GRAS INDUSTRIELS (*Guide pratique de la connaissance et de l'exploitation des*), contenant l'histoire des provenances, des modes d'extraction, des propriétés physiques et chimiques, du commerce des corps gras, des altérations et des falsifications dont ils sont l'objet, et des moyens anciens et nouveaux de reconnaître ces sophistications. Ouvrage à l'usage des chimistes, des pharmaciens, des parfumeurs, des fabricants d'huiles, etc., des épurateurs, des fondeurs de suif, des fabricants de savon, de bougie, de chandelle, d'huile et de graisses pour machines, des entrepositaires de graines oléagineuses et de corps gras, etc., par Th. CHATEAU, chimiste, ex-préparateur au Muséum d'histoire naturelle. 3e édition, revue et augmentée des procédés nouveaux d'analyse des huiles grasses et d'indications pratiques sur les *Huiles minérales.* 1 volume avec tableaux. . . . . 4 fr.

Extrait de la table des matières. — *Généralités sur les corps gras :* extraction, propriétés, composition, action de la chaleur, les alcalis, les acides. *Examen des procédés analytiques pour reconnaître la pureté des huiles :* Procédés Allaire, Glossner, Dalican, Behrens, Craco-Calvert, Fauré, Mailho, Cailletet, Maumené, Millau, etc., etc. — *Nouvelle méthode générale d'analyse des huiles :* Préparation, emploi et usage des réactifs, oléométrie. — *Monographie des corps gras :* Huiles non siccatives, huiles siccatives, huiles animales, de poisson, huiles concrètes, graisses, suifs, cires, blanc de baleine. — *Des principaux corps gras immédiats extraits. Matières grasses naturelles étudiées dans l'ouvrage :* Stéarine, margarine, oléine, élaïdine, butyrine, caprine, céroléine, glycérine, etc. — *Indications sur quelques-uns des meilleurs moyens chimiques pour reconnaître les variétés et les falsifications :* Pétrole, naphte, paraffine, etc.

COUPE et CONFECTION de vêtements de femmes et d'enfants (*Méthode de*). — Travaux à aiguille usuels. — Cours de couture en blanc. — Raccommodage. — Méthode de TRICOT. — Art de la coupe et de la confection en général, par Elisa HIRTZ. 1 volume avec 154 figures. . . . . 3 fr.

COTONNIER (*Guide pratique de la culture du*), par SICARD. 1 volume avec figures dans le texte. . . . . . 2 fr.

La culture du cotonnier ne peut convenir qu'à de certaines contrées. M. Sicard, qui l'a expérimentée avec succès et pendant de longues années dans les provinces du Midi et en Algérie, a publié cet ouvrage pour faire profiter le public de l'expérience qu'il avait acquise dans la culture de cet arbrisseau.

L'ouvrage est enrichi de dessins exécutés d'après la photographie et d'une exactitude rigoureuse.

CUBAGE et **ESTIMATION DES BOIS** (Voir Bois, page 9).

CUISINE PRATIQUE (*La*). — Les secrets de la Cuisine d'amateur, par M. de SAINT-JUAN. 1 volume avec figures. — **En préparation.**

CULTURES EXOTIQUES. Guide pratique de la culture de la **CANNE A SUCRE**, du **CAFIER**, du **CACAOYER**, suivi d'un traité de la **FABRICATION DU CHOCOLAT**, par BOURGOIN D'ORLI. 1 volume. . . . . 4 fr.

✳CULTURE MARAICHÈRE (*Manuel pratique de*). 6ᵉ édition, augmentée d'un grand nombre de figures et de plusieurs articles nouveaux. Ouvrage couronné d'une médaille d'or par la Société centrale d'agriculture, d'une grande médaille de vermeil par la Société centrale d'horticulture, par COURTOIS-GÉRARD. 1 volume avec 89 figures dans le texte. . . . . 4 fr.

Outre les récompenses honorifiques qui viennent d'être mentionnées, l'auteur de ce manuel a obtenu une attestation qui garantit la valeur de son travail aux yeux du public, en même temps qu'elle constate l'exactitude de ses recherches et l'utilité des notions renfermées dans son ouvrage. Cette attestation émane de vingt-cinq jardiniers maraîchers de la ville de Paris qui, après avoir entendu la lecture du travail de M. Courtois-Gérard, déclarent qu'ils lui donnent toute leur approbation, comme étant conforme aux bonnes méthodes de culture en usage parmi eux, et autorisent l'auteur à le publier sous leur patronage.

Cet ouvrage est officiellement recommandé pour les écoles normales, etc.

Extrait de la table des matières. — Marais pour culture de pleine terre.— Marais pour culture de primeurs. — Analyse des terres. — De l'établissement d'un jardin maraîcher. — Engrais et pailles. — Outillage. — Diverses opérations. — La culture des porte-graines. — Destruction des insectes. — Des maladies des plantes. — Calendrier du maraîcher ou travaux manuels. — Vocabulaire du maraîcher.

Le cartonnage toile de chaque volume se paye 0,50 c. en plus des prix indiqués.

✳ **DESSINATEUR** (*Comment on devient un*), par

VIOLLET-LE-DUC. 1 volume, orné de 110 dessins par l'auteur
et d'un portrait de Viollet-le-Duc. 17ᵉ édition . . . .   4 fr.

CROQUIS FAIT DANS LE PORT DE DIEPPE

Gravure spécimen de « *Comment on devient un dessinateur.* »

EXTRAIT DE LA TABLE DES MATIÈRES. — Notables découvertes. — Comment il
est reconnu que la géométrie s'applique à plusieurs choses. — Autres découvertes touchant la lumière et la géométrie descriptive. — Où on commence
à voir. — Une leçon d'Anatomie comparée. — Opérations sur le terrain. —
Cinq ans après. — Où une vocation se dessine. — Douze jours dans les Alpes.
— Conclusion.

DESSIN LINÉAIRE (*Guide pratique pour l'étude du*) et de son application aux professions industrielles, par A. ORTOLAN, mécanicien chef de la marine de l'Etat, et J. MESTA, mécanicien principal. 1 volume avec atlas de 41 planches doubles.. 4 fr.

Cet ouvrage recommandable est aujourd'hui adopté dans plusieurs écoles industrielles; on le trouve dans tous les ateliers. Un dictionnaire des termes techniques lui sert d'introduction. Après la nomenclature des instruments indispensables à l'étude du dessin, les auteurs donnent la *définition des lignes géométriques* : le point, la ligne droite, brisée, courbe; arc de cercle, rayon; les angles. — Tracé des parallèles et des perpendiculaires. — Construction des angles. — Figures géométriques. — Des triangles. — Des quadrilatères.— Tangentes et sécantes à la circonférence. — Angles inscrits et circonscrits à la circonférence. — Polygones réguliers, figures inscrites et circonscrites. — Définition et construction. — Mesure et divisions des lignes. — Mesure des angles. — Rapporteurs. — Des solides. — Du plan horizontal et du plan vertical, des projections, des croquis, de la vis. — Exécution d'un dessin d'après un croquis coté et sur une échelle de convention. — Exécution d'un dessin d'ensemble avec projection de coupe. — Des engrenages ou roues dentées. — De quelques courbes et de leur tracé. — Rédaction et copie d'un dessin. — Dessins ombrés au tire-ligne, du lavis, etc., etc.

DICTIONNAIRE DES FALSIFICATIONS (Voir Falsifications, page 23).

DICTIONNAIRE DU CONSTRUCTEUR (Voir Constructeur, page 14).

DICTIONNAIRE DES COSMÉTIQUES ET PARFUMS (Voir Parfumeur, page 36).

DOUANE (*Recueil abrégé des lois et règlements sur la*), son organisation, son personnel et ses brigades, par Eugène LELAY, capitaine des douanes. 1 volume. 4 fr.

TABLE DES MATIÈRES. — *Des Douanes et de leur organisation. — Attributions du personnel. — Service actif ou des brigades. — Lois générales relatives au personnel.*

DROIT MARITIME INTERNATIONAL ET COMMERCIAL (*Notions pratiques de*), par Alph. DONEAUD, professeur à l'Ecole navale. *Aide-mémoire de l'officier de marine*, marine militaire et marine marchande. 1 volume. . . . . 2 fr.

Extrait de la table des matières. — De la mer et des fleuves. — Droit international en temps de paix. — Droit commercial. — Droit maritime international en temps de guerre. — Documents officiels. — Bibliographie des principaux ouvrages à consulter pour le droit des gens en général, le droit international maritime et le droit commercial.

DYNAMITE et AGENTS EXPLOSIFS. 1 volume. — **En préparation.**

EAUX GAZEUSES (*Traité de la Fabrication indus-
trielle des*) et des boissons qui s'y rattachent, par FÉLICIEN
MICHOTTE, ingénieur des arts et manufactures, et E. GUIL-
LAUME, ingénieur civil. 1 volume avec 21 figures dans le
texte, 14 planches doubles et de nombreux tableaux.   4 fr.

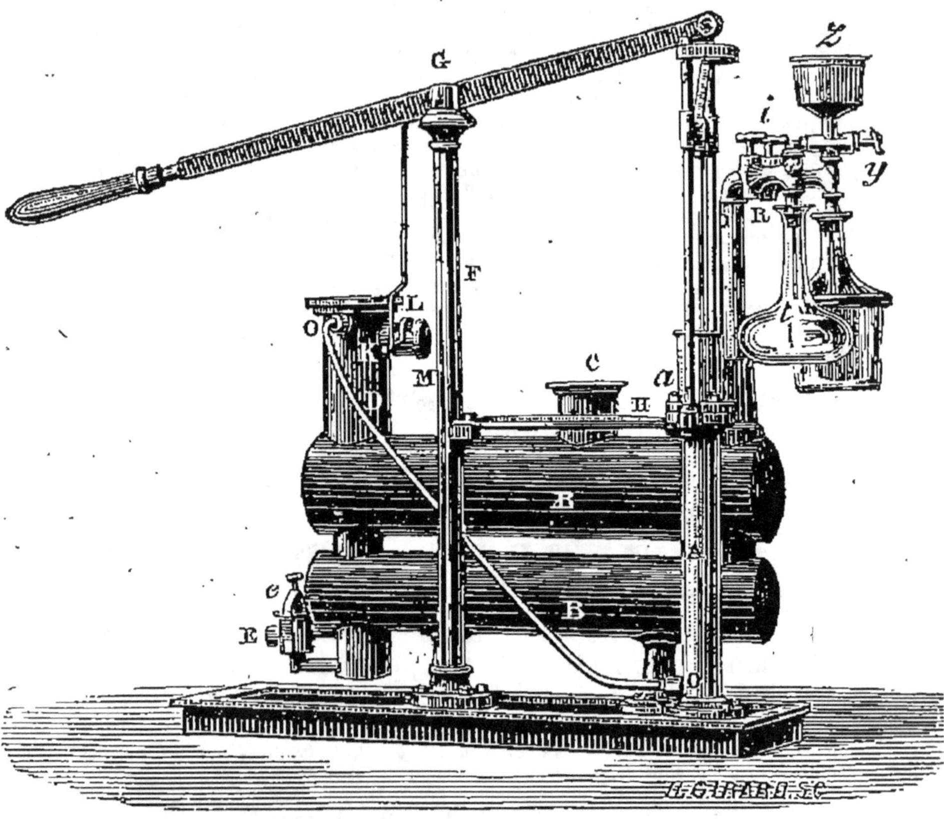

APPAREIL A PRODUIRE DE LA GLACE
Figure spécimen du *Traité des Eaux gazeuses.*

Extrait de la Table des matières. — INTRODUCTION : Historique et importance
de la fabrication des eaux gazeuses.

Première Partie.—ÉTUDE DES PROPRIÉTÉS PHYSIQUES ET CHIMIQUES DES MA-
TIÈRES EMPLOYÉES DANS LA FABRICATION DES EAUX GAZEUSES. — *Études des différentes eaux.* — *Matières pouvant être introduites dans l'eau par les appareils.* — *Carbonate de chaux.* — *Acide sulfurique.*

Deuxième Partie. — ÉTUDE DES APPAREILS FABRIQUANT INDUSTRIELLEMENT
L'EAU DE SELTZ. — *Appareils semi-continus.* — *Appareils continus.* — *Appa-
reils Mondollot.* — *Appareils, accessoires de fabrication.* — *Tirage double.* —
Récipients contenant les eaux gazeuses. — *Accessoires de fabrication.* —
Filtres.

Troisième Partie. — Observations très importantes concernant la fabrication de l'eau de seltz. — Achat des appareils. — Démarches à faire pour l'établissement d'une fabrique d'eaux gazeuses.

Quatrième Partie. — Étude de la fabrication des différentes boissons dans lesquelles entre l'acide carbonique. — *Préparation des alcoolats.* — *Eau de protoxyde d'azote.* — *Eau azotée.* — *Eau oxygénée.* — Des vins. — *Bières.* — *Cidre et poiré.* — *Gaz.* — *Glace.*

Cinquième Partie. — *Moteurs à gaz, à pétrole, à air, à vapeur.*

ÉCLAIRAGE ÉLECTRIQUE (*Manuel de montage des appareils d'*) par le baron von GAISBERG, traduit de l'allemand sur la seconde édition, par Charles BAYE. 1 vol. avec 104 figures. 8ᵐᵉ édition. . . . . 2 fr.

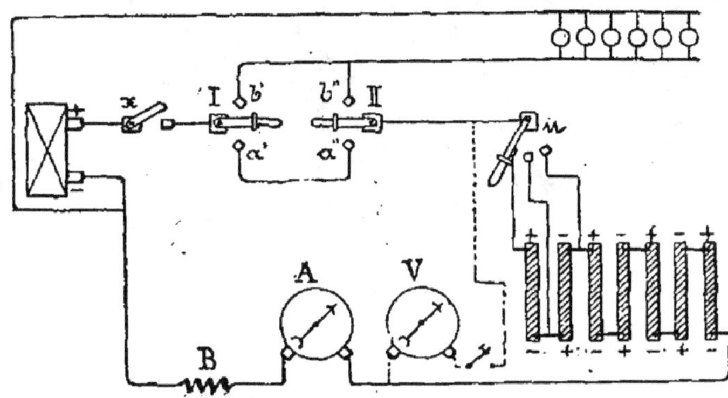

ASSEMBLAGE POUR L'ALIMENTATION DE LAMPES A INCANDESCENCE PAR ACCUMULATEURS
Figure spécimen du *Manuel de montage des appareils d'Éclairage électrique.*

Extrait de la table des matières. — Connaissances préliminaires. — Principes et lois. — Modes d'assemblage. — Installation des machines. — Machines magnéto et dynamo. — Dynamos à courant continu : divers modes de disposition. — Montage et entretien des machines dynamo. — Lampes à arc, mécanisme, assemblage, régulateurs, manipulations, charbons, etc. — Lampes à incandescence : Tension nécessaire, disposition sur le circuit, monture, suspensions, etc. — Appareils auxiliaires. — Conducteurs accumulateurs. — Transport de la force. — Galvanoplastie. — Appendice.

ÉCOLES DE FRANCE (*Les grandes*), par MORTIMER D'OCAGNE. Nouvelle édition.

SERVICES DE L'ÉTAT. 1 volume. . . . . 4 fr.
*CARRIÈRES CIVILES. 1 volume. . . . . 4 fr.

Historique des Écoles. — Examens d'entrée. — Durée des études. — Prix de la pension. — Régime intérieur. — Examens de sortie. — Carrières ouvertes.

ÉCONOMIE DOMESTIQUE (*Guide pratique d'*), publié sous forme de dictionnaire, contenant des notions d'une *application journalière* : chauffage, éclairage, blanchissage, dégraissage, préparation et conservation des substances alimentaires, boissons, liqueurs de toutes sortes, cosmétiques, hygiène, par le docteur B. LUNEL. 1 vol. 2 fr.

ÉLECTRICIEN *(L'Ingénieur).* Guide pratique de la construction et du montage de tous les appareils électriques à l'usage des amateurs, ouvriers et contremaîtres électriciens, par H. de GRAFFIGNY. 1 volume avec 109 figures. 7e édition. . . . . 4 fr.

Figure spécimen de *L'Ingénieur électricien.*

Extrait de la table des matières. — Première partie. — Histoire de l'électricité. — Producteurs chimiques d'électricité. — Piles. — Accumulateurs. — Producteurs mécaniques d'électricité. — Machines électriques. — Unités et mesures, appareils et étalons électriques. — Moteurs pour la production de l'électricité. — Câbles et conducteurs.

Deuxième partie. — Histoire de la lumière électrique. — Constructions et installations de lampes électriques. — Force motrice, sonneries et allumoirs électriques. — Electro-chimie et électro-métallurgie. — Télégraphie électrique. — La téléphonie.

Troisième partie. — Récréations électriques. — La maison d'un électricien. — Applications domestiques. — Procédés et recettes utiles, secrets d'atelier. — Revue générale et conclusion.

ÉLECTRICIEN *(Guide pratique de l'ouvrier).* 1 volume. — En préparation.

ENGRENAGES *(Traité pratique du tracé et de la construction des),* de la vis sans fin et des cames, par F.-G. DINÉE, mécanicien de la marine, ex-élève de l'École des arts et métiers de Châlons. 1 vol. et 17 planches. 2 fr.

1o Des courbes en usage dans la construction des engrenages ; 2o dimensions des détails et de l'ensemble des engrenages ; 3o tracé des engrenages, des vis sans fin, des cames.

ENTOMOLOGIE AGRICOLE (*Guide pratique d'*), et petit traité de la destruction des insectes nuisibles, par H. GOBIN. 1 volume orné de 42 figures, 2ᵉ édit. 4 fr.

Ce traité, d'une lecture attrayante, possède un grand fonds de science. Il se compose de lettres familières adressées à un nouveau propriétaire rural. Tous les insectes qui s'attaquent aux champs et à leurs produits et aux animaux y sont passés en revue, et, ce qui est mieux encore, l'auteur a indiqué le moyen de se débarrasser de cette engeance envahissante. Le livre est terminé par des nomenclatures scientifiques avec les noms français.

ÉPICERIE (*Guide pratique de l'*), ou Dictionnaire des denrées indigènes et exotiques, comprenant : l'étude, la description des objets consommables; les moyens de constater leurs qualités, leur nature, leur valeur réelle; les procédés de préparation, d'amélioration et de conservation des denrées, etc.; contenant, en outre, la fabrication des liqueurs, le collage des vins, et enfin les procédés de fabrication d'une foule de produits que l'on peut ajouter au commerce de l'épicerie, par le docteur B. LUNEL. 1 volume. 2 fr.

FALSIFICATIONS (*Guide pratique pour reconnaître les*), ou Dictionnaire des falsifications des substances alimentaires (aliments et boissons), contenant : la description de *l'état naturel ou normal des substances alimentaires* et leur *composition chimique*, les moyens de constater leur nature, leur valeur réelle; les altérations spontanées, accidentelles, qu'elles peuvent subir, et les moyens de les prévenir; les altérations et falsifications qui les dénaturent, c'est-à-dire qui en modifient l'aspect, la saveur, les propriétés nutritives, et qui les rendent souvent dangereuses; enfin les moyens chimiques de rendre sensibles les altérations, falsifications et contrefaçons des diverses substances alimentaires, par le docteur LUNEL. 3ᵉ édit. 1 volume. 4 fr.

FÉCULIER et de l'**AMIDONNIER** (*Guide pratique du*), suivi de la conversion de la fécule et de l'amidon en dextrine sèche et liquide, en sirop de glucose, sirop de froment, sirop impondérable; en sucre de raisin, sucre massé, sucre granulé et cassonade, en vin, bière, cidre, alcool et vinaigre, ainsi que leur application dans beaucoup d'autres industries, par L.-F. DUBIEF. 3ᵉ édition. 1 volume avec gravures dans le texte. . . . . 4 fr.

Extrait de la table des matières. — Première partie. — Aperçu historique. — Des substances qui contiennent la fécule. — Composition et conservation de la pomme de terre. — Extraction de la fécule. — Lavage, râpage, tamisage, épuration, séchage, blutage. — Des résidus de la pomme de terre. — Du blanchiment de la fécule. — Rendement de la pomme de terre en fécule. — Conservation, vente et falsification. — Caractères et propriétés de la fécule.

Dans la deuxième partie, l'auteur donne la description des procédés à suivre pour fabriquer les amidons.

La troisième et dernière partie vient compléter les deux premières par les renseignements les plus récents.

Dans cet ouvrage, l'auteur s'est appliqué à dégager son texte de toute gêne scientifique ; il a été clair et précis pour mettre son enseignement à la portée de toutes les instructions. Pour chaque sujet, il est entré dans des développements minutieux en indiquant souvent ces tours de mains si indispensables, et que, seule, la pratique ordinairement peut apprendre.

FER (*Le*). *Guide pratique du métallurgiste*, son histoire, ses propriétés et ses différents procédés de fabrication, par William FAIRBAIRN, ingénieur civil, membre de la Société royale de Londres, correspondant de l'Institut de France, etc., ouvrage traduit de l'anglais, avec l'approbation de l'auteur, et augmenté de notes et d'un appendice, par M. Gustave MAURICE, ingénieur civil des mines. 1 volume avec 68 figures dans le texte . . . . 4 fr.

FERMENTS ET FERMENTATIONS. *Travailleurs et malfaiteurs microscopiques*, par I.-A. REY. 1 volume avec figures . . . . 4 fr.

Extrait de la table des matières. — Fermentation alcoolique. — Saccharomyces ellipsoïdes. — Ferments solubles. — Le vin, la bière, le pain, l'alcool de grain, boissons fermentées. — Ferments des maladies du vin. — Fermentations par oxydation, vinaigre, procédés de fabrication. — Fermentation lactique, caséique, putride, butyrique. — Lait et fromages. — Conserves alimentaires. — Microbes des maladies contagieuses. — Microbes coloristes.

FEUX D'ARTIFICE (Voir Poudres et Salpêtres, page 39).

FILATURE DE LA LAINE. (Voir Laine, page 29).

FOURRAGE (Voir Plantes fourragères, page 38).

Le cartonnage toile de chaque volume se paye 0.50 c. en plus des prix indiqués.

GÉOLOGUE (*Manuel du*), par DANA, traduit et adapté de l'anglais par W. HOUTLET. 1 volume avec 363 figures, 3e édition. . . . . 4 fr.

TABLE DES MATIÈRES. — *Introduction.* — *Géologie physiographique.* — Traits généraux de la surface terrestre. — Système des formes terrestres. — *Géologie lithologique.* — Constitution des roches. — Condition et structure des masses rocheuses. — Règne animal. — Règne végétal. — *Géologie historique.* — Age archéen. — Temps paléozoïque. — Temps mésozoïque. — Temps cénozoïque. — Ere de l'intelligence. — *Observations générales sur l'histoire géologique.* — Durée des temps géologiques. — Progrès de la vie. — *Géologie dynamique.* — Vie. — Atmosphère. — Eau. — Chaleur. — Mouvements dans la croûte terrestre et leurs conséquences. — *Appendice.* — Instruments de géologie. — Échantillons.

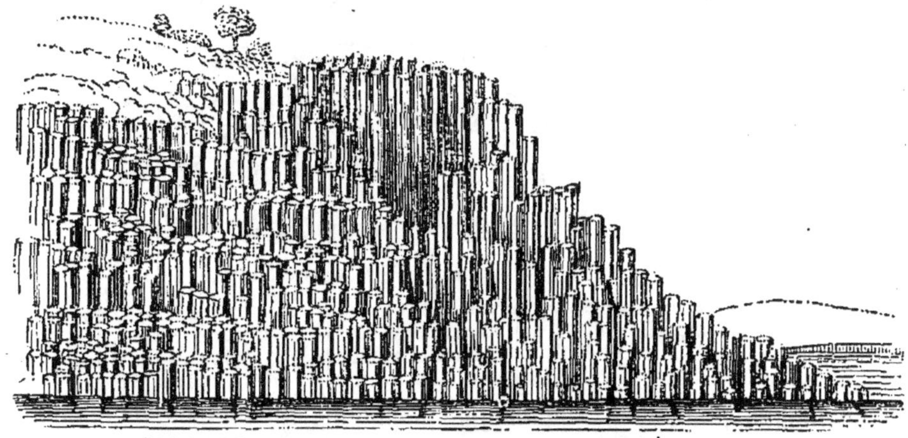
COLONNES BASALTIQUES DE LA COTE D'ILAWANA
Gravure spécimen du *Manuel du Géologue.*

GÉOMÈTRE ARPENTEUR (*Guide pratique du*), comprenant l'arpentage, le nivellement, le levé des plans et le partage des propriétés agricoles, avec un appendice sur le calcul des solides ; 3e édition, entièrement refondue, par P.-G. GUY, ancien élève de l'Ecole polytechnique, officier d'artillerie. 1 volume avec 183 figures. . . . . 4 fr.

GÉOMÉTRIE ÉLÉMENTAIRE (*Leçons de*), par Ch. ROZAN, professeur de mathématiques. 1 volume avec atlas de 31 planches doubles. . . . . 4 fr.

En résumant les principes essentiels de la géométrie élémentaire, ceux qui conduisent directement à la mesure des lignes, des surfaces et des corps, l'auteur s'est attaché surtout à faire sentir la liaison qui existe entre ces principes, la manière dont ils découlent les uns des autres. Il s'est donc attaché à dire d'une seule traite tout ce qui se rattache à un même ordre de questions. Il le dit très brièvement, pour ne pas fatiguer l'attention ou faire perdre de vue le point de départ ; cette rapidité des démonstrations n'a cependant rien ôté à leur clarté.

HABITATIONS DES ANIMAUX (❋ *Guide pratique pour le bon aménagement des*), par E. GAYOT, membre de la Société centrale d'Agriculture de France.

❋ Les **BERGERIES ET LES PORCHERIES**, les habitations des animaux de la basse-cour, clapiers, oiselleries et colombiers. 1 volume avec 65 figures. . . . . 2 fr.

Gravure spécimen de *Bergeries et Porcheries*.

Aucun animal ne saurait être développé dans ses facultés natives, dans ses aptitudes propres, et produire activement dans le sens de ces dernières, si on ne le place dans les meilleures conditions d'alimentation, de logement, de multiplication. M. Gayot, avec l'autorité d'une longue expérience, a réuni dans ce volume les conditions générales d'établissements et les dispositions particulières aux diverses espèces d'animaux.

Les Bergeries : de l'habitation en plein air, le parc des champs, le parc domestique, les abris brise-vent. — DE L'HABITATION COUVERTE : conditions particulières à l'établissement des bergeries, les portes et fenêtres, l'aération, les bâtiments, les aménagements intérieurs, auges et râteliers. — LA PORCHERIE : les conditions spéciales, la construction, les portes et fenêtres, les aménagements essentiels, les auges, dispositions particulières de l'ensemble. — *Les habitations de la basse-cour* : l'habitation du dindon, l'habitation de l'oie, la demeure du canard, le colombier et la volière, la faisanderie, etc., etc.

HERBORISEUR (❋ *Manuel de l'*). Comment on devient botaniste. — Clefs analytiques. — Description des genres et des espèces, suivie d'un vocabulaire. par E. GRIMARD. 6ᵉ édition. 1 volume . . . . 4 fr.

HYDRAULIQUE ET D'HYDROLOGIE souterraine et superficielle (*Guide pratique d'*), ou traité de la science des sources, de la création des fontaines, de la captation et de l'aménagement des eaux pour tous les besoins agricoles et industriels, par LAFFINEUR. 1 volume avec figures . . . . 2 »

HYGIÈNE ET DE MÉDECINE USUELLE

(*Guide pratique d'*), complété par le traitement du *choléra épidémique*, par Victor LUNEL. 1 volume . . . . . . 2 fr.

Ce livre ne s'adresse à aucune spécialité de lecteurs et convient à tout le monde. Il se subdivise en hygiène privée et en hygiène publique.

HYGIÈNE DU TRAVAIL (*l'*), par le Dr MONIN,

avec une préface de M. YVES GUYOT, ministre des Travaux publics. 1 volume. . . . . 4 fr.

Table des matières. — La santé dans le travail. — L'hygiène de l'ouvrier. — Questions sociales et philanthropiques. — Les accidents du travail. — Poisons industriels : le saturnisme. — Le phosphorisme. — L'empoisonnement par le cuivre. — L'arsenicisme. — L'empoisonnement par le mercure. — Les dangers du gaz d'éclairage. — Mines et mineurs. — Industries métalliques. — Professions à poussières : le bâtiment. — Industries des tissus et vêtements. — Matelassiers, brossiers, chapeliers, chiffonniers. — Industries du verre, celluloïde, caoutchouc, explosifs. — Tanneurs, boyaudiers, mégissiers. — Chemins de fer, ballons, électricité, photographie. — Industries féminines : blanchisseuses, fleuristes, article de Paris. — Industries alimentaires. — Le cuisinier. — Coiffeurs et perruquiers. — Typographes. — L'hygiène au théâtre. — L'hygiène et l'église. — Artistes et gens de lettres. — La crampe des écrivains et le doigt à ressort. — L'hygiène du chanteur. — L'hygiène du soldat.

INGÉNIEUR ÉLECTRICIEN (Voir Électricien, page 22).

INSECTES NUISIBLES (Voir Entomologie, page 23).

INTRODUCTION A L'ÉTUDE DES BEAUX-ARTS, par CARTERON. 1 volume. — En préparation.

EXTRAIT DE LA TABLE DES MATIÈRES. — *La Peinture.* — Étude pratique et raisonnée du dessin.

Genres différents de la Peinture. — Peinture d'histoire et peinture religieuse. — Peinture de genre. — Portrait. — Paysage.

Histoire de la Peinture et aperçu des différentes écoles. — *Sculpture et statuaire.* — *Histoire de la sculpture.* — *L'Architecture.* — *Les Artistes.*

INTRODUCTION A L'ÉTUDE DE LA CHIMIE (Voir Chimie, page 13).

INTRODUCTION A L'ÉTUDE DE LA PHYSIQUE (Voir Physique, page 36).

JAPON PRATIQUE (*Le*), par F. REGAMEY.

1 volume illustré de nombreux dessins de l'auteur. — En préparation.

❋JARDINAGE (*Manuel pratique de*), contenant la manière de cultiver soi-même un jardin ou d'en diriger la culture. 10e édition, par COURTOIS-GÉRARD, marchand grainier, horticulteur. 1 volume avec 1 planche et de nombreuses figures dans le texte . . . . 4 fr.

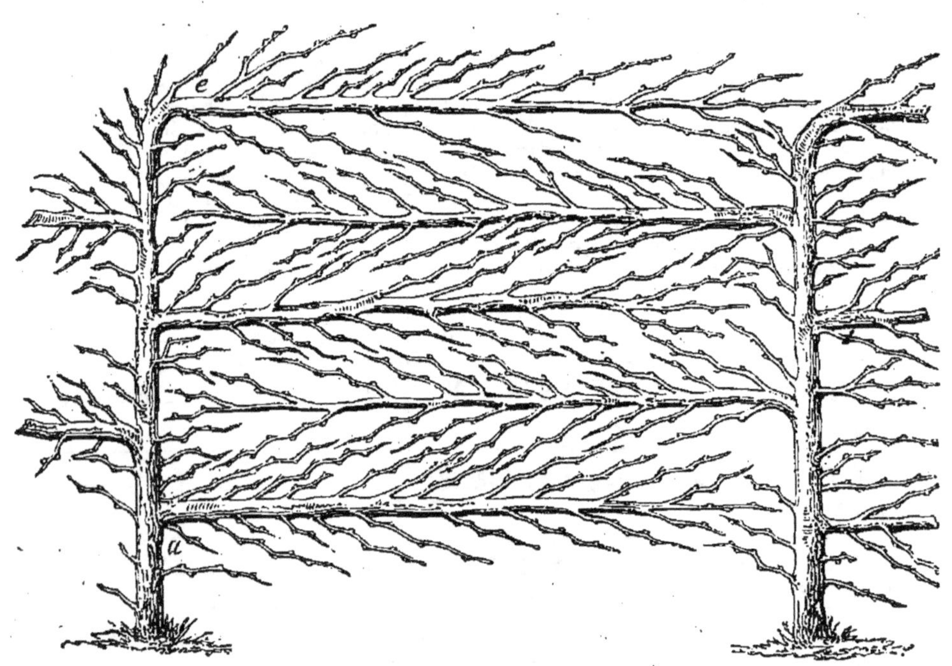

POIRIERS EN PALMETTES

Gravure spécimen du *Manuel de jardinage*.

Nous renvoyons à la note accompagnant le *Manuel de culture maraîchère*, pour les titres de M. Courtois-Gérard, à la confiance publique. Dans le *Manuel de jardinage*, les jardiniers de profession trouveront des conseils, des détails nouveaux et des renseignements pratiques qu'ils peuvent ignorer ; le propriétaire et l'amateur de jardin y puiseront des instructions précises et claires qui leur éviteront toute espèce de méprises et d'erreurs.

Sommaire des principaux chapitres :

Dispositions générales d'un jardin potager. — Calendrier. — Travaux de chaque mois. — Les outils. — Les défoncements. — Les fumiers. — Les arrosements. — Les couches. — Semis. — Repiquages. — Marcottes. — Boutures. — De la greffe. — De la conservation des plantes. — Les maladies des plantes potagères. — La culture des arbres fruitiers. — La culture des arbres d'agrément. — Destruction des animaux nuisibles, etc.

JOAILLIER (*Guide pratique du*), ou Traité complet des pierres précieuses, leur étude chimique et minéralogique, les moyens de les reconnaître sûrement, leur valeur approximative et raisonnée, leur emploi, la description des plus extraordinaires des chefs-d'œuvre anciens et modernes auxquels elles ont concouru, par CH. BARBOT, ancien joaillier, inventeur du procédé de décoloration du diamant brut, membre de plusieurs sociétés savantes. 1 vol. avec 3 planches renfermant 178 figures représentant les diamants les plus célèbres de l'Inde, du Brésil et de l'Europe, bruts et taillés, et les dimensions exactes des brillants et roses en rapport avec leur poids, depuis un carat jusqu'à cent carats. Nouvelle édition, revue, corrigée et annotée par CH. BAYE. 1 vol. . . 4 fr.

LAINE peignée, cardée, peignée et cardée (*Traité pratique de la*), contenant : 1re *partie*, mécanique pratique, formules et calculs appliqués à la filature ; 2e *partie*, filature de la laine peignée, cardée peignée, sur la Mull-Jenny ; 3e *partie*, filage anglais et français sur continu ; 4e *partie*, laine cardée, par Charles LEROUX, ingénieur mécanicien, directeur de filature. 1 volume avec 32 figures dans le texte et 4 planches. . . . . 15 fr.

Extrait de la table des matières. — Choix d'un moteur. — Transmissions. — Arbres de couche. — Courroies. — Poulies. — Engrenages. — Frottements. — Force des moteurs. — Leviers. — Fabrication. — Triage des laines. — Caractères des laines. — Main-d'œuvre du triage. — Battage. — Nettoyage des laines. — Dessuintage. — Dégraissage. — Graissage des laines. — Disposition mécanique d'un assortiment de cardes. — Aiguisement des garnitures. — Bourrage des garnitures. — Cardages. — Passage au Gill-Box. — Lissage et dégraissage des rubans. — Peignage des laines. — Préparation des laines pour filage français. — Les différents passages. — Filage français sur Mull-Jenny.

✳**LAPINS** (*Guide pratique de l'éducateur des*), ou Traité de la race cuniculine, avec l'Art de mégisser leurs peaux et d'en confectionner des fourrures, suivi du guide pratique de l'éducation lucrative des **OIES** et des **CANARDS**, par MARIOT-DIDIEUX. 3e édition. 1 volume. 4 fr.

LÉGISLATION PRATIQUE (✳ *Premiers principes de*), appliquée au Commerce, à l'Industrie et à l'Agriculture, par Maurice BLOCK. 2e édition. 1 volume. . 4 fr.

LIQUEURS (*Traité de la fabrication des*) françaises et étrangères, sans distillation. 8e édition, augmentée de développements plus étendus, de nouvelles recettes pour la fabrication des liqueurs, du kirsch, du rhum, du bitter, la préparation et la bonification des eaux-de-vie et l'imitation de celles de Cognac, de différentes provenances, de la fabrication des sirops, etc., etc., par L.-F. DUBIEF, chimiste œnologue. 1 volume. . . . . 4 fr.

Ce traité est formulé en termes clairs et familiers ; la personne la moins expérimentée dans l'art du distillateur, qui en lira attentivement les préceptes, pourra, sans aucun guide, devenir un bon fabricant après quelques essais.

Sommaire de quelques chapitres. — De la composition des liqueurs. — Quantités d'alcool, de sucre et d'eau, pour les différentes classes de liqueurs.— Des teintures aromatiques. — Des infusions. — De la coloration des liqueurs. — Du mélange. — Du perfectionnement des liqueurs par le tranchage. — Du collage des liqueurs. — De la filtration. — De la conservation des liqueurs. — Règle générale pour bien opérer la fabrication des liqueurs. — Considérations à observer. — Des spiritueux aromatiques non sucrés. — Emploi des écumes et des eaux provenant du lavage des filtres. — Formules et préparations des sirops. — De l'alcool. — Du coupage ou mouillage des alcools. — Des eaux-de-vie. — Opérations d'eaux-de-vie à tous les titres avec les alcools d'industrie. — Résumé pour les liqueurs, les eaux-de-vie et les alcools. — Appendice. — L'auteur termine cet ouvrage par une liste des principaux marchés des eaux-de-vie, esprits, etc.

LIQUORISTE DES DAMES (*Le*), ou l'art de préparer en quelques instants toutes sortes de liqueurs de table et des parfums de toilette avec toutes les fleurs cultivées dans les jardins, suivi de procédés très simples et expérimentés pour mettre les fruits à l'eau-de-vie, faire des liqueurs et des ratafias, des vins de dessert, mousseux et non mousseux, des sirops rafraîchissants, etc., par L.-F. DUBIEF. 1 volume avec figures dans le texte.   2 fr.

✳**MAÇONNERIE.**— Guide pratique du Constructeur, par A. DEMANET, lieutenant-colonel honoraire du génie, membre de l'Académie royale de Belgique, etc. 1 volume avec tableaux, accompagné de 20 planches doubles renfermant 137 figures 1 volume. . . . . 4 fr.

Ce guide, écrit par M. Demanet, qui a professé un cours de construction à l'École militaire de Bruxelles, emprunte une grande autorité à l'expérience et à la position qu'occupait l'auteur. Les 20 planches qui accompagnent le texte sont gravées avec une grande exactitude.

Extrait de la table des matières. — Des tracés. — Des mortiers et mastics. — Des appareils. — De l'exécution des maçonneries. — Échafaudages et cintres. — Outils et appareils. — Décintrements, charges, jointoiement. — Des épaisseurs à donner aux maçonneries. — Évaluations des travaux de maçonnerie. — Travaux divers. — Travaux d'entretien et de restauration. — De l'organisation des chantiers, etc.

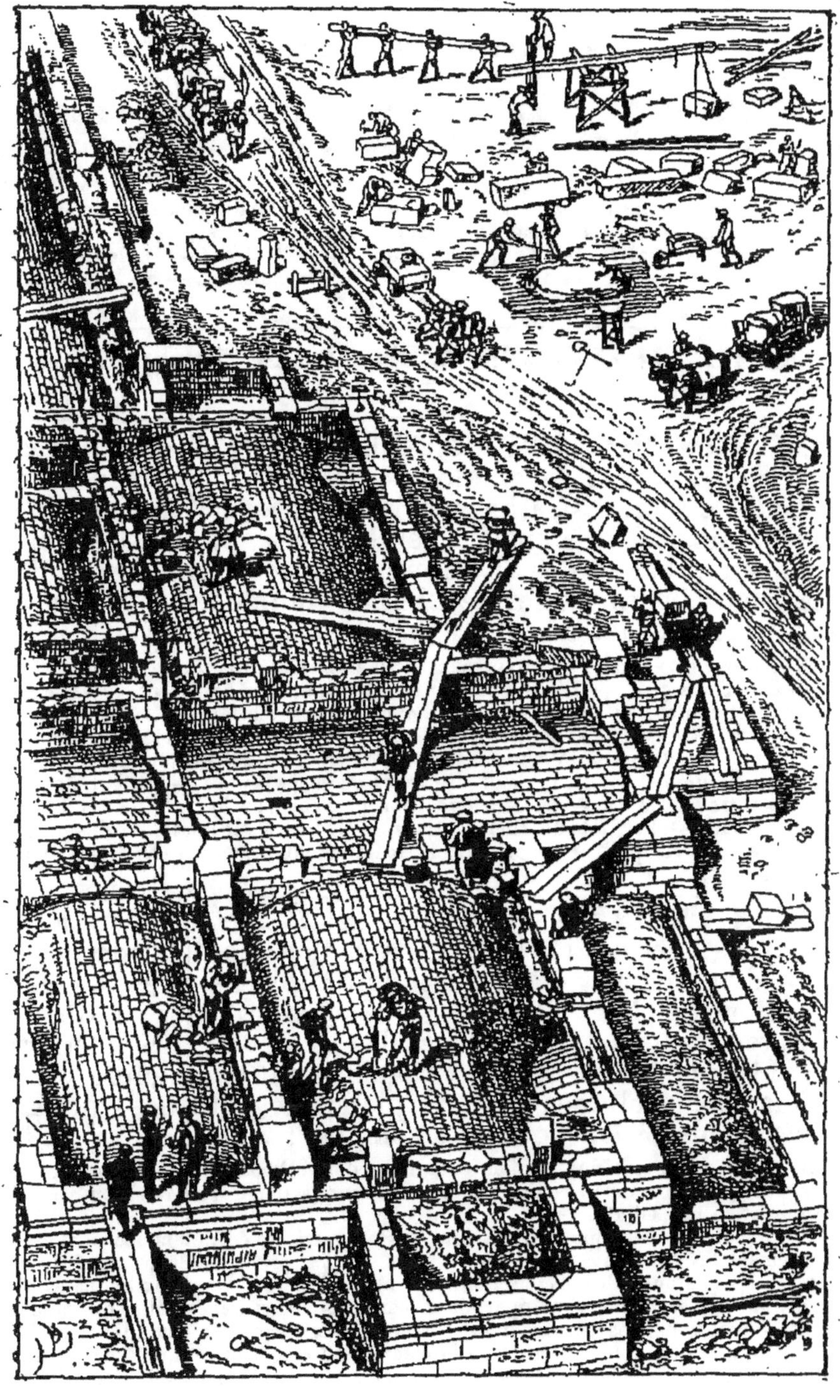

Gravure spécimen de *Comment on construit une maison* (LE TAS).

✳ **MAISON** (*Comment on construit une*), par VIOLLET-LE-DUC. 1 volume avec 62 dessins par l'auteur. 14ᵉ édition. . . . . 4 fr.

Extrait de la table des matières. — Plantations de la maison et opérations sur le terrain. — La construction en élévation. — La visite au chantier. — — L'étude des escaliers. — Ce que c'est que l'architecture. — Études théoriques. — La charpente. — La fumisterie. — La menuiserie. — La couverture et la plomberie. — L'inauguration de la maison.

MARÉCHALERIE-FERRURE. 1 volume. — **En préparation.**

MATIÈRES INDUSTRIELLES (*Guide pratique pour l'essai des*), d'un emploi courant dans les usines, les chemins de fer, les bâtiments, la marine, etc., à l'usage des ingénieurs, manufacturiers, architectes, officiers de marine, etc., par Jules GAUDRY, chef du laboratoire des essais au chemin de fer de l'Est. 1 volume avec 37 figures et nombreux tableaux. . . . . 4 fr.

SOMMAIRE DES PRINCIPAUX CHAPITRES. — PREMIÈRE PARTIE. *Principes généraux de l'essai chimique.* — I. Composition et décomposition des corps. — II. Principes fondamentaux de l'analyse. — III. Manipulations chimiques. — IV. Marche de l'analyse. — DEUXIÈME PARTIE. *Méthode d'essai des principales substances d'emploi courant.* — TROISIÈME PARTIE. *Tableaux :* Tableau A. Des principaux corps simples. — B. Division des bases en cinq groupes. — C. Division des acides en trois groupes. — D. Décomposition de l'eau par les métaux. — E. Analyse de l'eau. — F. États des incinérations. — G. Degré oléométrique des huiles. — H. Tableau comparatif des principaux métaux industriels. — Appareils divers pour les essais.

MÉCANICIEN (✳ *Guide de l'ouvrier*), par J.-A. ORTOLAN, mécanicien en chef de la flotte, officier de la Légion d'honneur et de l'Instruction publique, avec la collaboration de MM. Bonnefoy, Cochez, Dinée, Gibert, Guipont, Juhel, anciens élèves des Écoles d'arts et métiers, cinquième édition, revue et notablement augmentée, comprenant 3 volumes et 62 planches. Chaque volume, séparément : 4 fr.; l'ouvrage complet . . . . 12 fr.

La table sommaire des parties comprises dans chacun des volumes permet d'apprécier l'importance relative donnée aux questions présentées en vue de l'application immédiate.

Les nouvelles questions traitées dans cette quatrième édition concernent principalement les machines motrices admises par la pratique dans ces derniers temps; les combustibles usuels dont fait usage l'industrie moderne; les essais, la conduite, l'entretien des appareils mécaniques et des générateurs de vapeur, et les obligations des constructeurs et des propriétaires de ces appareils. Des tables numériques pour la solution immédiate du calcul de certains mécanismes et du calcul des agents de force mécanique ont été ou étendus ou annexés aux parties spéciales.

Mécanique élémentaire. 1 volume avec figure et 11 planches . . . . 4 fr.

PREMIÈRE PARTIE. — *Arithmétique.* — Numération. — Premières règles. — Fractions. — Système décimal. — Carrés, cubes. — Racines carrées, racines cubiques. — Règles d'intérêt, de mélange et d'alliage. — *Algèbre pratique :* Équations algébriques. — Géométrie pratique. — Tracés géométriques. — Mesure et division des lignes et des angles. — Solides. — Mesures des surfaces et des volumes. — *Lignes trigonométriques.* — *Annexe :* Système métrique. —

DEUXIÈME PARTIE. — *Mécanique élémentaire, forces, frottements.* — Principe des machines. — Chute, poids, densité des corps. — Forces. — Composition des forces. — Centre de gravité. — Travail des forces et sa mesure. — Équilibre des machines simples. — Frottements et glissements. — Origine des forces produisant le mouvement dans les machines. — Des machines en général.

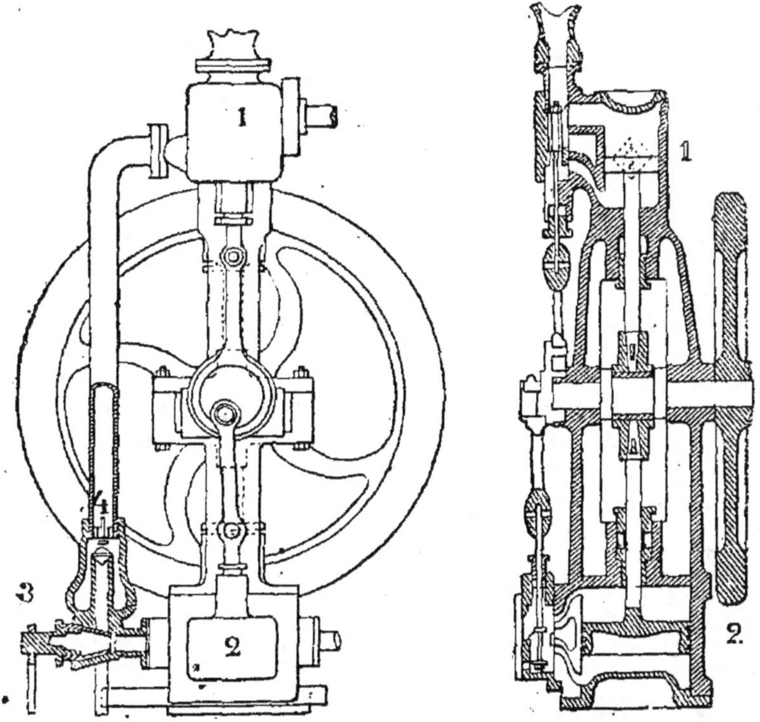

Figure spécimen du *Guide de l'Ouvrier mécanicien.*

Mécanique de l'atelier. 1 volume avec 34 figures et 26 planches. . . . . 4 fr.

TROISIÈME PARTIE. — Transmissions et transformations de mouvement.

QUATRIÈME PARTIE. — *Résistance des matériaux :* Effort de traction. — Effort de compression. — Force de flexion. — Résistance au cisaillement. — Résistance à la torsion. — Épaisseur des murs. — Pans de bois, planchers et combles.

CinQuièME PARTIE. — *Machines motrices à air et hydrauliques. Machines à presser.* — Moulins à vent. — Machines soufflantes. — Scieries. — Appareils et machines à élever l'eau. — Pompes élévatoires. — Machines motrices hydrauliques. — Roues à aubes planes, à aubes courbes. — Roues à augets. — Roues pendantes. — Turbines. — Roues à niveau constant. — Roues à admission intérieure. — Résultats pratiques des divers systèmes de roues hydrauliques. — Presses hydrauliques. — Pressoirs.

Principes et pratique de la machine à vapeur. 1 volume avec 36 figures et 25 planches . . . . **4 fr.**

SixièME PARTIE. — *Formation de la vapeur. Chaudières :* De la chaleur. — De la vapeur. — Condensation. — Chaudières à vapeur. — Dimensions. — Consommation d'eau et de combustible. — Données sur l'établissement des détails des chaudières.

SEPTIèME PARTIE. — *Machines motrices à vapeur, à gaz :* Calcul de la puissance et dimensions des pièces principales des machines à vapeur. — Appréciation des divers systèmes de machines. — Principaux types de machines à vapeur admis dans la pratique de 1869 à 1887.

Annexes : Généralités sur les nouvelles chaudières à vapeur. — Principes élémentaires de la combustion. — Vocabulaire des éléments et des produits divers de la combustion. — Combustibles usuels. — Essais et mise en service des chaudières. — Essais des machines. — Matières employées au service des moteurs à vapeur. — Décret sur l'établissement des machines à vapeur.

MÉDECINE USUELLE (Voir Hygiène et Médecine usuelle, page 27).

MÉTÉOROLOGIE AGRICOLE (*Manuel de*) appliquée aux travaux des champs, à la physiologie végétale et à la prévision du temps, par F. CANU, météorologiste-publiciste et Albert LARBALÉTRIER, diplômé de l'Ecole de Grignon, sous-directeur à la ferme-école de la Pilletière. 1 volume avec 3 figures et de nombreux tableaux. . **2 fr.**

Extrait de la table des matières : *Notions préliminaires.* — *Chaleur :* Action de la chaleur sur le sol, échauffement, desséchement, action de la chaleur sur la plante, évolution, action physique. — *Lumière :* Production de la chlorophylle, assimilation, transpiration, lumière du sol. — *Humidité de l'air.* — *Brouillard et rosée.* — *Pluie.* — *Froid.* — *Gelées.* — *Neige.* — *Vents.* — *Électricité.* — *Grêle.* — *Les éléments de l'air et le sédiment.* — *Instructions météorologiques.* — *Prévision du temps :* Prévision à longue et à courte échéance, prévisions des gelées nocturnes. — *Tableaux divers.*

MÉTIERS MANUELS (*Le livre des*), répertoire des procédés industriels, tours de main et ficelles d'atelier, recettes nouvelles et inédites, méthodes abréviatives de travail recueillies en vue de permettre aux amateurs, manufacturiers, ouvriers des petites villes et des campagnes d'exécuter aussi bien que les ouvriers spécialistes de Paris tous les travaux usuels d'une utilité journalière, par J.-P. HOUZÉ. 1 volume avec 5 planches hors texte comprenant 57 dessins techniques . . . . **4 fr.**

MINÉRALOGIE APPLIQUÉE (*Guide pratique de*), histoire naturelle inorganique ou connaissance des combustibles minéraux, des pierres précieuses, des matériaux de construction, des argiles céramiques, des minerais de fer, de cuivre, de zinc, de plomb, d'étain, de mercure, d'argent, d'antimoine, d'or, de platine, etc., par A.-F. Noguès, professeur de sciences physiques et naturelles.

Première Partie. — Propriétés générales des minéraux, cristallogie, cristallographie, cristallogénie. — Caractères physiques, chimiques, géologiques des minéraux. — Classification. 1 volume avec 124 figures . . . . 4 fr.

Deuxième Partie. — Description des espèces minérales, géogénides, métallacides, métallopsides, métallolithes. — Table analytique. — 1 volume avec 124 figures. . . 4 fr.

Cet ouvrage a été écrit principalement pour les personnes qui désirent acquérir des notions justes, pratiques et usuelles sur les minerais et les minéraux employés dans les arts et l'industrie. Les étudiants qui suivent les cours des Facultés, des Ecoles spéciales et industrielles, les ingénieurs, les élèves des Écoles des mines, les mineurs, les agriculteurs, les amateurs et les gens du monde qui voudront acquérir des connaissances pratiques en minéralogie, le consulteront avec fruit.

OCTROIS (*Nouveau manuel des*), par E. Laffolay, inspecteur de l'octroi en retraite. 1 volume avec tableaux . . . . 4 fr.

Observations concernant la rédaction des procès-verbaux. — Formulaire pour la rédaction des procès-verbaux les plus usuels en matière d'octroi, en matière de contributions indirectes et d'octroi et en matière de contributions indirectes inclusivement.

OFFICIER (*Comment on devient*), par Félix Juven, officier d'administration, adjoint du service des hôpitaux, licencié en droit, officier d'académie. 1 volume. . . 4 fr.

Historique du recrutement. — Les Écoles. — Officiers ne passant pas par les Écoles. — Ce que peut devenir un officier. — Officiers de la réserve et de l'armée territoriale. — Vie de l'officier. — Recrutement des officiers de marine.

OIES et **CANARDS** (Voir Lapins, page 29).

OUVRIER ÉLECTRICIEN — En préparation.

OUVRIER MÉCANICIEN (Voir page 32).

PAPIER et du **CARTON** (*Guide pratique de la fabrication du*), par A. Prouteaux, ingénieur civil, ancien élève de l'École centrale des arts et manufactures, ancien directeur de papeterie. Nouvelle édition. 1 volume avec 8 planches. 4 fr.

EXTRAIT DE LA TABLE DES MATIÈRES. — Historique. — Matières premières. — Fabrication : triage, délissage, blutage, lavage et lessivage, défilage, égouttage, blanchiment, raffinage, collage, matières colorantes, travail de la machine à papier, de l'apprêt. — Fabrication du papier à la cuve ou à la main. — Classification des papiers. — Diverses substances propres à la fabrication du papier. — Papier de paille, papier de bois, papier d'alfa. — Papiers spéciaux. — Analyse chimique des matières employées en papeterie. — Matériel d'une papeterie. — Prix de revient, personnel, administration d'une papeterie. — Fabrication du carton. — Fabrication du papier en Chine et au Japon. — Considérations économiques. — Principaux brevets d'invention français relatifs à l'industrie du papier. — Prix des appareils et des principales matières employées en papeterie.

PARFUMEUR (*Guide pratique du*), dictionnaire raisonné des **cosmétiques et parfums**, contenant : la description des substances employées en parfumerie, les altérations ou falsifications qui peuvent les dénaturer, etc., les formules de plus de 500 préparations cosmétiques, huiles parfumées, poudres dentifrices dilatoires, eaux diverses, extraits, eaux distillées, essences, teintures, infusions, esprits aromatiques, vinaigres et savons de toilette, pastilles, crèmes, etc., par le docteur B. LUNEL. 1 volume rédigé sous forme de dictionnaire avec un appendice. 2ᵉ édition . . . . 4 fr.

PERSPECTIVE (*Théorie pratique de la*). Étude à l'usage des artistes peintres, des élèves des Écoles des beaux-arts, des Écoles industrielles, par V. PELLEGRIN, peintre. 1 volume avec 42 figures et 1 planche . . . 2 fr.

PHYSIQUE (* *Introduction à l'étude de la*), par Louis DU TEMPLE, capitaine de frégate en retraite. 1 volume avec 146 figures, 2ᵉ édition . . . . 4 fr.

SOMMAIRE DES PRINCIPAUX CHAPITRES.— *Quelques définitions de chimie* : Éléments qui entrent dans la composition des corps. — Nomenclature chimique. — *Introduction.* — *La Force* : Pesanteur. — Actions moléculaires. — *Calorique et Chaleur* : Température. — Mode de propagation de la chaleur. — Changement d'état des corps par la chaleur. — *Lumière.* — Réflexion de la lumière. — Réfraction. — Décomposition et recomposition de la lumière. — Applications diverses des phénomènes de la lumière. — Lunettes. — *Sons.* — Propagation. — Réflexion. — Vibration. — *Électricité.* — *Électro-Magnétisme.* — *Electro-Chimie.*

PHOTOGRAPHE (*L'étudiant*), traité pratique de photographie à l'usage des amateurs, avec les procédés de MM. Civiale, Bacot, Cavelier, Robert, par A. CHEVALIER. 1 volume avec 68 figures . . . . 2 fr.

PIERRES PRÉCIEUSES (Voir Joaillier, page 29).

PISCICULTURE et AQUICULTURE FLUVIALES (*Manuel de*), appliqué au repeuplement des cours d'eau et à l'élevage en eaux fermées, par Albert LARBALÉTRIER, diplômé de l'École d'agriculture de Grignon, ancien élève libre de l'Institut national agronomique, ex-professeur de pisciculture, etc. 1 volume avec figures et tableaux. . . . . 4 fr.

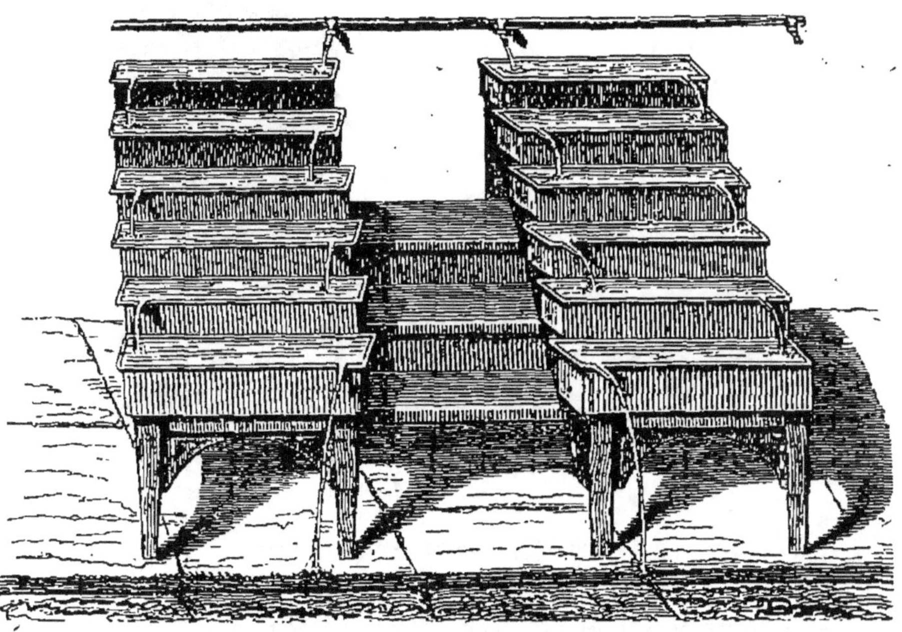

Figure spécimen du *Manuel de Pisciculture*.

EXTRAIT DE LA TABLE DES MATIÈRES. — *Pisciculture d'eau douce.* — Notions préliminaires. — PREMIÈRE PARTIE : *Les Poissons.* — Considérations générales. — Organisation des poissons. — Classification des poissons. — Description des ordres de poissons. — Nature des eaux douces. — Description, mœurs et genre de vie des principales espèces de poissons. — DEUXIÈME PARTIE : *Les procédés de multiplication et d'élevage.* — La Pisciculture naturelle : les Étangs, aménagement des cours d'eau. — La Pisciculture artificielle : Acclimatation des poissons, Fécondations artificielles, Incubation et éclosion, Alevinage et élevage, transport des œufs et des poissons, Frayères artificielles, Ennemis des Poissons. — TROISIÈME PARTIE : *Pêche en eau douce et législation.* — Pêche à la ligne, Pêche au filet. — Législation : Lois et règlements, Historique et considérations générales. — QUATRIÈME PARTIE : *Culture spéciale des Crustacés et Annélides d'eau douce.* — Écrevisses, Sangsues.

PLANTES FOURRAGÈRES *(Guide pratique pour la culture des)*. — *Première partie* : Prairies naturelles, Pâturages. — *Deuxième partie* : Prairies artificielles, Plantes, Racines. — Par A. GOBIN, ancien élève de l'Ecole de Grand-Jouan, ancien directeur de la colonie pénitentiaire du Val-d'Yèvres (Cher). 1 volume avec de nombreuses figures. . . . . 4 fr.

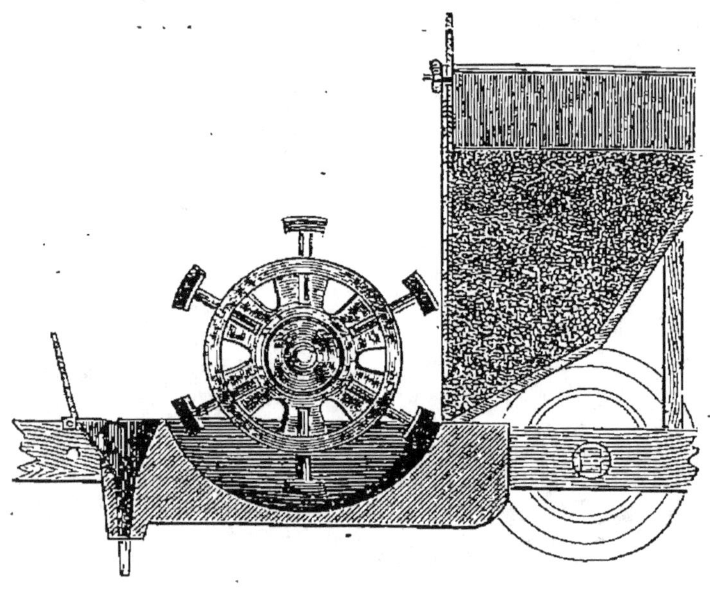

Figure spécimen des *Plantes fourragères*.

Les fourrages sont la base de toute culture, et il est admis aujourd'hui, par tous les agriculteurs intelligents, que pour avoir du blé il faut faire des prés. M. Gobin, guidé par sa grande expérience, a voulu rédiger un guide tout pratique indiquant tout ce qui doit être observé pour obtenir les meilleurs résultats et éviter les dépenses inutiles : mais, comme il le dit dans sa préface, si le titre même de son livre lui a fait une loi de se restreindre à la culture des plantes fourragères et de s'abstenir de considérations scientifiques inutiles au but qu'il poursuit, il ne s'est pas interdit les applications pratiques des sciences, en tant qu'elles se rapportent à l'explication des phénomènes ou à l'amélioration des méthodes de culture. « C'est là, en effet, dit-il, ce que nous entendons par la pratique, et non point seulement la routine manuelle, qui consiste à savoir tenir les mancherons de la charrue, charger une voiture de gerbes ou manier la faux, celle-ci suffit à un ouvrier, celle-là est nécessaire au moindre cultivateur intelligent. »

Ce Guide peut être considéré comme le résumé des leçons professées avec tant de succès par M. Gobin à l'*Ecole de Grignon*.

PONTS ET CHAUSSÉES et de l'Agent voyer (*Guide pratique du Conducteur des*). Principes de l'art de l'ingénieur, comprenant : plans et nivellements, routes et chemins, ponts et aqueducs, travaux de construction en général et devis, par F. BIROT, ingénieur civil, ancien conducteur des ponts et chaussées. 5e édition, revue et augmentée.

Première partie. — **ROUTES**. — 1 volume accompagné de 12 planches doubles, contenant 99 figures. . . . 4 fr.

Deuxième partie. — **PONTS.** — 1 volume accompagné de 8 planches doubles, contenant 44 figures. . . . . 4 fr.

Nous allons donner un extrait de la table des matières de ces volumes, devenus le *vade-mecum* des agents des ponts et chaussées.

Première partie. — *Chap. Ier.* — Tracé et mesure des lignes. Arpentage proprement dit. Mesure des angles. Levé à l'échelle. Instruments. — *Chap. II.* Objets du nivellement. Niveaux de différents systèmes. Stadia. — *Chap. III.* Classification des routes. Projets. De la forme générale des routes. Tracé des courbes. Tables diverses. — *Chap. IV.* Construction des chaussées. Entretien des routes. Déblais et remblais.

Deuxième partie. — *Chap. I.* Ponts et aqueducs. Ponceaux. Murs de soutènement. Parapets. Voûtes biaises. Sondages. Pieux. Pilotis. Palplanches. Enrochements. — *Chap. II.* Des cintres et des ponts en charpente. — *Chap. III.* Études des matériaux employés dans les constructions. — *Chap. IV.* Du métrage et du devis. Avant-métré d'un aqueduc, d'un ponceau, etc.

L'auteur a terminé par le programme d'admission pour l'emploi de conducteur.

PORCHERIES (Voir Habitations des animaux, page 26).

POTASSES (*Guide pratique pour reconnaître et pour déterminer le titre véritable et la valeur commerciale des*), des **SOUDES**, des **CENDRES**, des **ACIDES** et des **MANGANÈSES**, avec neuf tables de déterminations, traduit de l'allemand par le docteur G.-W. BICHON, ancien élève de M. Liebig. Nouvelle édition, augmentée de notes, tables et documents. par R. FRÉSÉNIUS et le Dr WILL. 1 volume avec figures . . . . 2 fr.

POUDRES ET SALPÊTRES (*Guide pratique de la fabrication des*), avec un appendice par le major STEERK sur les *feux d'artifice*, par M. SPILT. 1 volume. . . . 4 fr.

Dès les premières lignes de ce livre, on s'aperçoit que l'auteur est un homme compétent dans la matière qu'il traite, et qu'à l'étude dans le laboratoire, le major Steerk a joint l'expérience en grand. Dans ses données, tout est rigoureusement exact, et on peut accepter l'auteur comme guide, sans craindre de se tromper.

L'appendice sur les feux d'artifice résume en quelques pages les notions nécessaires pour la confection de ces feux.

Sommaire des chapitres. — *Première partie :* Soufre, salpêtre, bois. —
Charbon : carbonisation par distillation, par vapeur, analyses des charbons. —
Poudres : poudres de guerre, poudres de mine, poudres du commerce extérieur
et poudres de chasse. — Epreuves. — Combustion des poudres, dosages, analyses.

Deuxième partie : Feux d'artifice. — Historique, matières premières, produits chimiques, outils, cartonnages, cartouches, feux qui produisent leur effet
sur le sol, feux qui le produisent dans l'air, sur l'eau, etc., feux de salon, feux
de théâtre. Confection des principales pièces d'artifice.

POULES (*Éducation lucrative des*), ou traité raisonné
de gallinoculture, par MARIOT-DIDIEUX, vétérinaire en
premier aux remontes de l'armée, membre et lauréat de
plusieurs Sociétés savantes. Nouvelle édition. 1 vol.   4 fr.

L'éducation, la multiplication et l'amélioration des animaux qui peuplent
les basses-cours ont fait depuis une quinzaine d'années de notables progrès.
Répondant à un besoin de l'économie domestique, l'auteur de ce guide pratique a voulu faire un traité complet de gallinoculture dans lequel, après
des considérations historiques, anatomiques et physiologiques sur les poules,
il décrit les caractères physiques et moraux de quarante-deux races, apprend
à faire un choix parmi ces races si diverses et indique les moyens de conservation et de multiplication des individus. Des chapitres spéciaux sont consacrés aux maladies, à la pharmacie gallinée, à la statistique des poules et des
œufs de la France, etc.

Les ouvrages de M. Mariot-Didieux sont au premier rang parmi ceux qui
enrichissent notre bibliothèque. Aussi voulons-nous, pour en mieux faire ressortir le mérite, donner ici le sommaire des principaux chapitres :

Gallinoculture. — De la poule, son antiquité, son utilité, expositions, concours, anatomie, considérations physiologiques, des sensations, voix du coq,
voix de la poule. — Choix des races. — Signes extérieurs de la ponte. —
Considérations sur les races de poules. — Races françaises, hollandaises, bel-
ges, anglaises, espagnoles, italiennes, prussiennes.— Races asiatiques, indiennes,
japonaises, indo-chinoises. — Races syriennes, africaines, américaines. — Races
de l'Océanie. — Du croisement des races. — Dépenses et produits de la poule.
— Du poulailler, de la cour, des œufs. Moyens de reculer, d'augmenter ou d'a-
vancer la ponte. — Fécondation du coq. — Castration ou chaponnage des coqs.
— De l'incubation. — Elevage des poulets. — Maladies des poules. — De la
saignée. — Pharmacie. — Vente des produits, etc.

PRAIRIES naturelles et artificielles (Voir Plantes
fourragères, page 38).

ROSEAU (Voir Saule, page 41).

ROUES HYDRAULIQUES (*Traité de la construction des*), contenant tous les systèmes de roues en usage,
les renseignements pratiques sur les dimensions à adopter

pour les arbres tournants, les tourillons, les bras de roues hydrauliques, etc., etc., par Jules LAFFINEUR. 1 volume avec de nombreux tableaux et 8 planches . . . . . . 2 fr.

L'auteur démontre dans sa préface que le perfectionnement des machines motrices des usines est à la fois une nécessité d'intérêt général et privé. Dans son ouvrage, il recherche et il définit les principales conditions à remplir sous ce rapport, et il donne ensuite tous les détails relatifs à la construction des roues hydrauliques dans les meilleures conditions possibles.

Fidèle à la méthode qui lui est propre, M. Laffineur s'est surtout attaché à se faire comprendre par la simplicité des termes employés et par les nombreux exemples qu'il donne.

Les planches sont d'une grande netteté ; elles représentent tous les systèmes de roues en usage, roues à palettes, roues pendantes, roues en dessous et à aubes courbes, roues à augets, roues horizontales, roues à niveau constant, frein dynamométrique, etc.

ROUTES (Voir Ponts et Chaussées, page 39).

SALPÊTRES (Voir Poudres, page 39).

SAULE (*Guide pratique de la culture du*) et de son emploi en agriculture, notamment dans la création des oseraies et des saussaies, avec un appendice sur la culture du roseau, par M.-J. KOLTZ, chevalier de l'ordre R. G. D. de la Couronne de chêne, agent des eaux et forêts, etc. 1 volume avec 35 figures dans le texte . . . . 2 fr.

Ce travail a pour objet de faire ressortir les avantages que procure la culture du saule dans les terrains qui lui conviennent, et qui, le plus souvent, ne peuvent être rendus productifs qu'à l'aide de cette essence ; M. Koltz donne donc le moyen de mettre en produit des terrains vagues. Dans certains parages, le roseau commun forme le complément obligé de l'osier ; l'appendice que M. Koltz a consacré à cette plante renferme des détails intéressants, surtout pour les propriétaires de terrains aujourd'hui tout à fait improductifs.

SCIENCES PHYSIQUES (*Éléments des*), appliquées à l'agriculture; ouvrage divisé en deux parties, par A.-F. POURIAU, docteur ès sciences, ancien élève de l'École centrale, professeur à l'École d'agriculture de Grignon.

Chaque partie se vend séparément.

Première partie. **CHIMIE INORGANIQUE**, suivie de l'étude des marnes, des eaux, et d'une méthode générale pour reconnaître la nature d'un des composés minéraux intéressant l'agriculture ou la médecine vétérinaire. 1 volume avec 153 figures dans le texte et tableaux. . . 4 fr.

Deuxième partie. **CHIMIE ORGANIQUE**, comprenant l'étude des éléments constitutifs des végétaux et des animaux, des notions de physiologie végétale et animale, l'alimentation du bétail, la production du fumier. 1 volume avec 65 figures dans le texte et tableaux . . . . 4 fr.

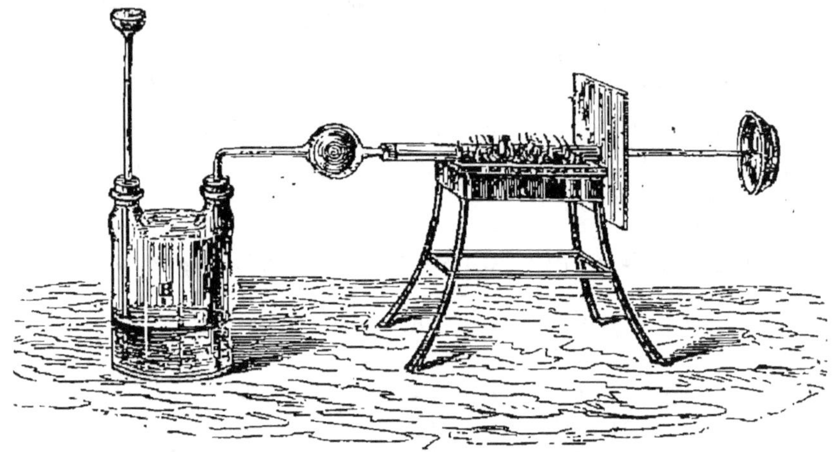

Figure spécimen des *Éléments des sciences physiques.*

Les ouvrages de M. Pouriau sont promptement devenus classiques et ils sont en même temps consultés avec fruit par tous les agriculteurs, les propriétaires, les gentilshommes-fermiers et par tous les gens d'étude et les gens du monde. Pour cette dernière classe de lecteurs, nous citerons le passage de la préface qui indique que cet ouvrage a été en partie rédigé à leur intention :

« Mais, d'autre part, je conseille aux gens du monde, que de semblables détails ne peuvent que médiocrement intéresser, de laisser de côté ces paragraphes, pour reporter leur attention sur les autres chapitres.

« Enfin, toujours guidé par le désir de satisfaire aux besoins de chaque classe de lecteurs, j'ai indiqué, *en note et séparément*, la préparation des principaux corps étudiés, parce que cette branche du cours ne saurait être utile qu'à ceux en position de faire quelques manipulations.

« Si les amis de la science agricole me prouvent, par un accueil bienveillant fait à mon livre, que j'ai suivi la bonne voie, je leur en témoignerai ma reconnaissance en leur offrant successivement les autres parties de mon enseignement. »

SERRURERIE (*Nouveaux Barèmes de*), par E. ROULAND, 1 volume . . . . 4 fr.

EXTRAIT DE LA TABLE DES MATIÈRES. — *Balcons* en barreaux de fer rond avec ou sans ornements, en barreaux de fer plats, en barreaux de fer carré. — *Grilles fixes* en barreaux de fer rond avec ou sans petits barreaux, avec ou sans ornements. — *Grilles ouvrantes* à deux vantaux avec ou sans petits barreaux, avec ou sans ornements. — *Portes* à un vantail et à deux vantaux en fer à T avec panneaux tôle. — *Poids des fers*, fers plats, carrés, ronds, T et cornières double T. — *Poids des tôles.*

SOUDES (Voir Potasses, page 39).

SUCRES (*Guide pour l'essai et l'analyse des*), indigènes et exotiques, à l'usage des fabricants de sucre. Résultats de 200 analyses de sucres classés d'après leur nuance, par E. MONIER, ingénieur chimiste, ancien élève de l'École centrale des Arts et Manufactures. 1 volume avec figures dans le texte et tableaux . . . . 2 fr.

SUCRE (Culture de la canne à) . Voir Cultures exotiques, page 16).

TEINTURIER (*Guide du*), Manuel complet des connaissances chimiques indispensables à la pratique de la teinture, par Frédéric FOL, chimiste. Nouvelle édition. 1 volume avec 91 figures dans le texte. . . . . 4 fr.

En publiant cet ouvrage, l'auteur s'est proposé de répandre dans la population ouvrière qui s'occupe des travaux de teinture, les connaissances nécessaires des sciences sur lesquelles est basée cette industrie.

TÉLÉGRAPHIE ÉLECTRIQUE (*Guide pratique de*), ou *Vade-mecum* pratique à l'usage des employés des lignes télégraphiques, suivi du programme des connaissances exigées pour être admis au surnumérariat dans l'administration des lignes télégraphiques, par B. MIÉGE, directeur de lignes télégraphiques. 1 volume avec 45 figures dans le texte. . . . . 2 fr.

TISSUS (*Manuel du commerce des*). *Vade-mecum* du Marchand de Nouveautés, par Edmond BOURDAIN. 1 volume . . . . 3 fr.

SOMMAIRE DES CHAPITRES.— Introduction.— Visite au magasin. — Tableau par rayon de tous les articles composant un magasin de nouveautés. — Table des villes de fabrique et des genres où elles excellent. — Tissus employés pour confectionner les divers vêtements et quantités employées. — Soins à donner aux étoffes. — Tissus étrangers. — L'Escompte. — Commission. — Teinture et couleurs. — Vêtements sur mesures. — Fourrures. — Termes techniques. — Conseils pour les achats. — Voyage d'achat. — Tableau des tissages mécaniques de France. — Représentants de fabrique. — Cravates et confections. — Comptabilité. — Monnaies et mesures étrangères. — Conseils aux employés de commerce.

⁂ TRANSMISSIONS DE LA PENSÉE ET DE LA VOIX, par Louis Du Temple, capitaine de frégate en retraite. 2e édition. 1 volume avec 62 figures. . 4 fr.

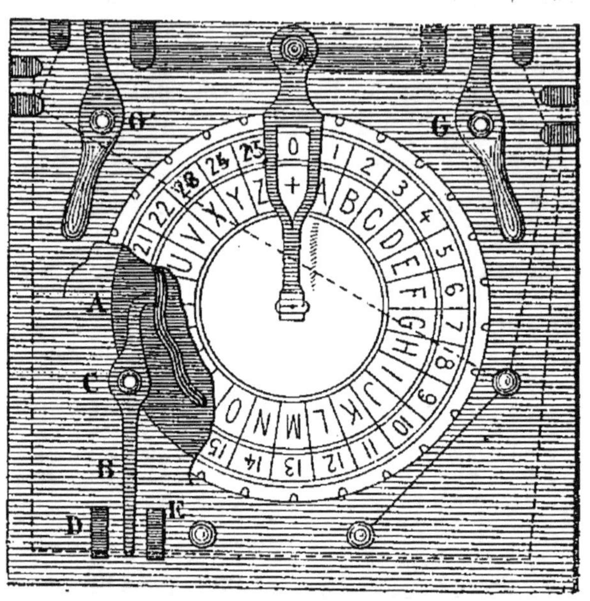

MANIPULATEUR DE L'APPAREIL TÉLÉGRAPHIQUE A CADRAN

Figure spécimen de *Transmissions de la pensée et de la voix.*

Sommaire des principaux chapitres.— *Organe de la vue et moyens employés pour la corriger.* — Structure de l'œil. — Marche des rayons lumineux dans l'œil. — *Organe de la voix.* — *Organe de l'ouïe.* — Oreille. — Comment l'homme peut diminuer les imperfections de l'ouïe. —*Langage.* — Définition. — Langage écrit. — *Papier.* — Historique. — Fabrication du papier. — Différentes espèces de papier. — *Imprimerie* ou *Typographie.* — Historique. — Gravure. — Lithographie. — Presses typographiques. — Clichage. — Gravure en creux. — Gravure en relief. — *Photographie.* — Historique. — Procédés. — *Électro-Métallurgie.* — Galvanoplastie. — Appareils galvanoplastiques. — Applications de la galvanoplastie. — *Télégraphes aériens, pneumatiques, électriques.* — *Téléphone.* — *Phonographe.* — *Aérophone.* — *Postes.*

VACHE LAITIÈRE *(Guide pratique pour le choix de la),* par Ernest Dubos, vétérinaire de l'arrondissement de Beauvais, professeur de zootechnie à l'Institut agricole de la même ville. 1 volume avec 7 planches. 2e édition. . 2 fr.

VERNIS *(Guide pratique de la Fabrication des),* nouvelle édition, revue, corrigée et complètement refondue, de l'ouvrage de M. Tripier-Devaux, par H. Violette,

ancien élève de l'Ecole polytechnique, commissaire des poudres et salpêtres, membre de plusieurs Sociétés savantes. 1 volume avec figures dans le texte . . . . . . 4 fr.

Extrait de la préface. — Les vernis ne sont autres que des solutions de résines dans certains liquides. Ces liquides, qui sont ordinairement l'*éther*, l'*alcool*, l'*essence de térébenthine* et les *huiles*, donnent aux vernis qui en résultent des propriétés caractéristiques qui en déterminent l'usage. Cette désignation des liquides nous permet de diviser les vernis en quatre classes. — Vernis à l'éther. — Vernis à l'alcool. — Vernis à l'essence. — Vernis gras.

Cette division sera celle des quatre chapitres composant notre ouvrage : nous examinerons chaque classe successivement ; cet examen comprendra : 1° les propriétés physiques et chimiques, ainsi que la préparation du liquide employé à dissoudre les résines de cette classe ; 2° les propriétés physiques et chimiques, ainsi que l'origine des résines employées dans cette catégorie ; 3° la fabrication proprement dite des vernis, par le mélange des résines et liquides précédemment étudiés.

VIGNERON (✱*Guide pratique du*), culture, vendange et vinification, par FLEURY-LACOSTE, ancien président de la Société centrale d'agriculture du département de la Savoie, membre de plusieurs Sociétés savantes, suivi des *Maladies de la* **VIGNE**, causes et effets morbides depuis l'origine de sa culture jusqu'à nos jours, avec les moyens à employer pour les prévenir et les combattre. Précédé d'une description historique et botanique de cette plante précieuse, par SERIGNE (de Narbonne). 1 volume. . . 4 fr.

Guide du Vigneron. — Dans la première partie, l'auteur donne les principes généraux pour la culture de la vigne basse : *culture en ligne, orientation, la taille, le pinçage, les engrais,* choix des cépages, 1re, 2e, 3e et 4e années.

La seconde partie, intitulée *Calendrier du Vigneron*, lui indique les travaux qu'il a à faire mensuellement. La culture des hautains sur treillages élevés dans les champs, remplit la troisième partie. — Quatrième partie : Nouvelles observations pratiques sur les phénomènes de la végétation de la vigne. — Cinquième partie : De la vendange et de la vinification : degré de maturité. — Du ban des vendanges. — Personnel. — Le nettoyage et l'écrasement des grains. — La cuve. — Le décuvage. — Enfin l'auteur termine en indiquant les soins à donner aux vins *nouveaux et vieux.*

Maladies de la Vigne. — SOMMAIRE DES PRINCIPAUX CHAPITRES. — Description historique. — Description botanique. — L'oïdium et le phylloxera. — Description historique de l'oïdium. — Maladies de l'oïdium. — Concours pour la guérison de l'oïdium. — Opinions émises sur l'oïdium. — L'oïdium est-il la cause de la maladie ? — Remède adopté contre la maladie. — Effets du soufrage. — Causes réelles de la maladie. — Températures favorables ou nuisibles. — Influences des saisons et des météores. — Blessures ou plaies, blanquet ou pourridie, coulure, carniure, chancre vitifère, clavelée, chlorose ou hydroémie, décrépitude, flottage, grapillure, nielle, geule, stérilité. — Maladie des feuilles. — Pyrales. — Destruction de la pyrale à l'état de papillon, à l'état de larve ou chenille. — Moyens préventifs et moyens curatifs. — Destruction de la pyrale à l'état d'œuf, etc.

VIN (*Guide pratique pour reconnaître et corriger les fraudes et maladies du*), suivi d'un traité **d'analyse chimique** de tous les vins, par Jacques BRUN, professeur à la Faculté de Médecine de Genève, et Albert Brun, pharmacien, licencié ès sciences, de la Faculté de Paris. 1 volume, avec de nombreux tableaux. 2e édition, revue et augmentée . . . . 2 fr.

L'art de falsifier les vins a fait ces dernières années de rapides progrès. La chimie ne doit pas se laisser devancer par la fraude : elle doit lui tenir tête et pouvoir toujours montrer du doigt la substance étrangère. Cette tâche, dit M. Brun, incombe surtout aux pharmaciens. Son livre est le résumé des différents traitements qu'il a trouvés réellement utiles, et qui, dans sa longue pratique, lui ont le mieux réussi pour l'examen chimique des vins suspects.

VINS FACTICES (*Guide pratique de la fabrication des*) et des boissons vineuses en général, ou manière de fabriquer soi-même les vins, cidres, poirés, bières, hydromels, piquettes et toutes sortes de boissons vineuses, par des procédés faciles, économiques et des plus hygiéniques, suivi de *l'Immense Trésor des* **VIGNERONS** et des **Marchands de Vin**, indiquant des moyens inédits pour vieillir instantanément les vins, leur enlever les mauvais goûts, même celui de terroir, colorer les vins blancs en rouge Narbonne, même d'une manière hygiénique et sans aucun coupage et éviter leur dégénérescence, par L.-F. DUBIEF. 4e édition. 1 volume. . . . . 4 fr.

Guide de la fabrication des vins factices.

Extrait de la table des matières. — Vin de raisin avec addition de sucre. — Vin fabriqué avec le marc de raisin, avec addition de sucre, de fécule ou autres. — Vins factices avec les lies de vins. — Vin de raisin sec. — Vin mousseux. — Vin de fruits, de cerises douces ou aigres, de guignes, de prunes, de pêches, de groseilles, de cassis, de mûres, de pommes de terre, de graines d'amidon, etc., etc. — Des cidres. — Cidre de marc de pommes, petit cidre. — Poirés. — Bières, double, simple, petite bière. — Bières faites avec du pain. — Bières de grains, de sucre, de gingembre. — Bière médicale, digestive, diurétique, purgative, de quinquina. — Hydromel. — Piquette de raisin, de marc de raisin, de lie de vin, de pommes et de poires. — Boisson vineuse de raisin sec, de genièvre, de pommes et de fruits séchés. — Boisson des travailleurs, des cultivateurs et des moissonneurs, etc.

Immense Trésor des vignerons et des marchands de vins.

Extrait de la table des matières. — De la connaissance des vins. — Appréciation et dégustation. — De la distinction. — Du mélange ou du coupage. — Du vinage. — Amélioration des vins. — De l'imitation des vins. — De la confection des vins mousseux. — Du vin muet et de ses avantages. — Des vins de liqueurs et de leurs imitations. — Recettes et opérations des vins de liqueurs. — *Méthode du Midi.* — *Méthode de Paris.* — De la conservation de vins en fûts pleins et en vidange. — Du soufrage ou méchage. — Du

collage pour la clarification. — Arome, sève, bouquet et goût de terroir.
— Du gouvernement et de la conservation des vins. — De la mise en bou-
teilles. — Des altérations. — Moyen de les prévenir et de les corriger. — Des
altérations accidentelles et moyen de les guérir. — Disposition et conservation
des tonneaux. — Contenance des fûts. — L'auteur termine son livre par une
série de renseignements très utiles.

VINIFICATION (*Traité complet de*) ou art de faire du vin avec toutes les substances fermentescibles, en tout temps et sous tous les climats, par L.-F. DUBIEF. 6ᵉ édit. 1 volume . . . . 4 fr.

Volume contenant : Les moyens de remédier à l'intempérie des saisons relativement à la maturité du raisin. Le tableau des phénomènes de la fermentation
et le meilleur moyen de la produire et de la diriger ; les moyens particuliers de
faire fermenter les marcs provenant de l'égrapillage du raisin et refermenter
ceux qui ont déjà été fermentés ; de procurer au vin plus de qualité par une
seconde fermentation ; de le vieillir sans faire de coupage, par des procédés
simples et faciles; de lui enlever le goût de terroir, comme aussi d'obtenir des
marcs de raisin, de l'alcool, de l'huile, de l'acide tartrique, etc. ; *et suivi* : des
procédés de fabrication des vins mousseux, des vins de liqueurs, vins de fruits
et vins factices, les soins qu'exigent leur gouvernement et leur conservation,
les principes pour la dégustation et l'analyse des vins, etc., etc.

VINS (*Traité du commerce des*) et autres boissons, par V. et G. ÉMION, 2ᵉ édition. 1 volume avec de nombreux tableaux. . . . . 4 fr.

EXTRAIT DE LA TABLE DES MATIÈRES. — IMPORTANCE ET CARACTÈRE DU
COMMERCE DES BOISSONS.

EXERCICE DU COMMERCE DES BOISSONS. — Personnes qui peuvent exercer le commerce.—Formalités à remplir pour ouvrir des débits de boissons. — Tenue des
débits de boissons — Patente. — Licence. — Poids et mesures; alcoomètre.
— Marques de fabrique. — Vente de boissons. — Conclusion des marchés. —
Transport des boissons. — Départ. — Route. — Délais de transport —Frais de
transport. — Pertes, déchets et avaries. —Arrivée. — Prescription des actions
en matière de transport. — Exécution des marchés de boissons. — Circonstances qui peuvent empêcher la livraison des boissons vendues. — Difficultés
sur les livraisons effectuées. — Commerce des boissons avec l'étranger. —Délits
et quasi-délits en matière de vente de boissons. — Délits. — Tromperie.—Falsification. — Pénalités. —Quasi-délit, concurrence déloyale.

RAPPORTS AVEC LA RÉGIE. — Les assujettis. — Marchands en gros. — Débi-
tants. — Distillateurs fabricants de liqueurs. — Fabricants de vins et de raisins secs. — Fabricants de cidres et de poirés à Paris. — Brasseurs. — Fabricants de vinaigres. — Les droits. — Droit de licence.— Droit de circulation. —
Droit d'entrée.— Droits de détail et de consommation. — Taxe unique. — Taxe
de remplacement. — Droit sur les bières. — Droit sur les vinaigres. — Con-
traventions. — Procès-verbaux et poursuites, pénalités.

Le cartonnage toile de chaque volume se paye 0,50 c. en plus
des prix indiqués.

BIBLIOTHÈQUE DES PROFESSIONS
INDUSTRIELLES, COMMERCIALES ET AGRICOLES

Acier (*Emploi*), par J.-B. Dessoye. 4
Acier (*Traité*), par Laudrin. 4
Alliages métalliques, par Guettier. 2
Architecture navale, p. Bousquet. 2
Assurances (*Les*), par Arsène Petit. 2
Bergeries, Porcheries, par Gayot. 2
Betterave, par Basset. 2
Bijoutier (*Guide*), par Moreau. 2
Bois (*Carbonisation*), par Dromart. 4
Bois (*Cubage, estimation*), p. Frochot. 4
Botanique appliquée, par Lerolle. 4
Brasseur (*Guide*), par Mülder. 4
Bris et naufrages (*Code*), Tartara. 4
Calculs et comptes faits. 4
Calligraphie (*La*), par Louis Baude. 4
Chaleur (*Théorie mécanique*), Clausius, 2 vol. à 4ᶠ. 8
Charcuterie pratique, Berthoud. 4
Charpentier (*Manuel*), par Merly. 4
Chasseur médecin, Mariot-Didieux. 2
Chauffeur (*Manuel*), par Jaunez. 2
Chimie pure, par le Dʳ Sace. 4
Chimie (*Introduction à l'étude de la*), par Liebig. 2
Chimie (*Générale élémentaire*), par Hélot, 2 vol. à 4ᶠ. 8
Chimiste agriculteur, par Pouriau. 4
Conseillers généraux (*Manuel*), par Albiot. 4
Constructeur (*Guide*), par Pernot. 4
Construction à la mer, par Bounnceau, 1 vol. 4 fr. et 1 Atlas 4 fr. 8
Corps gras industriels, Chateau. 4
Cotonnier (*Culture*), par Sicard. 2
Culture maraîchère, par Courtois-Gérard. 4
Cultures exotiques (*Cafier, Cacaoyer, Canne à sucre*). 4
Dessinateur (*Comment on devient un*), par Viollet-le-Duc. 4
Dessin linéaire, avec atlas, Ortolan. 4
Douane (*Lois et règlements*) E. Lelay. 4
Droit maritime, par Doncaud. 2
Eaux gazeuses (*Fabrication des*), par Micholte et Guillaume. 4
Éclairage électrique (*Montage des Appareils*), par de Gaisberg. 2
Économie domestique, Dʳ Lunel. 2
Électricien (*Ingénieur*), Graffigny. 4
Engrenage, par Dinée. 2
Entomologie agricole, p. H. Gobin. 4
Épicerie (*Guide*), par le Dʳ Lunel. 2
Escompteur (*Manuel de l'*), par Lacombe. 6
Féculier, amidonnier, par Dubief. 4
Ferments et fermentations, A. Rey. 4
Galvanoplastie, par Geymet. 4
Géologie (*Manuel*), par Dana. 4
Géomètre arpenteur, par Guy. 4
Géométrie, *avec atlas*, par Rozan. 4
Grandes Écoles de France, par Mortimer d'Ocagne :
   Carrières civiles. 4
   Services de l'État. 4
Herboriseur, par Ed. Grimard. 4
Hydraulique et Hydrologie, par Lafineur. 2
Hygiène du travail, par Dʳ Monin. 4

Impressions photographiques, par Poitevin et Vidal. 4
Introduction à l'étude de la Physique, par L. Du Temple. 4
Japon pratique (le), par Régamey. 4
Jardinage, par Courtois-Gérard. 4
Joaillier (*Guide*), par Barbot. 4
Laine (*Filature*), par Leroux. 15
Lapins, Oies et Canards (*Education des*), Mariot-Didieux. 4
Liqueurs (*Fabrication*), par Dubief. 4
Liquoriste des Dames, par Dubief. 4
Maçonnerie, par Demanet, 1 vol. 4
Magnanier, par Roman. 4
Maison (*Comment on construit une*), par Viollet-le-Duc. 4
Matières industrielles, p. Gaudry. 4
Mécanicien (Guide de l'ouvrier), par Ortolan :
   Mécanique élémentaire, 1 vol. 4
   Mécanique de l'atelier, 1 vol. 5
   Principes et pratique de la machine à vapeur, 1 vol. 4
Météorologie, Mascart et Moureaux. 2
Météorologie agricole, par Cann et Larbalétrier. ...
Métiers manuels (*Livre des*), Houzé. 4
Minéralogie appliquée, p. Noguez, 2 vol. à 4 fr. 8
Octrois (*Manuel*), Laffolay. 4
Officier (*Comment on devient*) Juven. 4
Papier et Carton, Prouteaux. 1 vol. 4
Parfumeur, par le Dʳ Lunel. 4
Perspective, par Pellegrin. 2
Photographe (*Étudiant*), Chevalier. 2
Photographie, par Geymet. 4
Pisciculture, par Larbalétrier. 4
Plantes fourragères, par A. Gobin. 4
Ponts et Chaussées, par Birot :
   Ponts, 1 vol. ...
   Routes, 1 vol. ...
Potasses, soudes, par Frésénius. ...
Poudres et salpêtres, par Steerk. 4
Poules, par Mariot-Didieux. 4
Roues hydrauliques, par Lafineur. 2
Saule et Roseau, par Kolb. 4
Sciences physiques *appliquées à l'Agriculture*, par Pouriau, 2 vol. à 4ᶠ. 8
Serrurerie (*Barèmes*), E. Rouland. 4
Sucres (*Essai, analyse*), par Monier. 4
Teinturier (*Manuel*), par Fol. 4
Télégraphie électrique, par Miège. 4
Tissus (*commerce des*), Ed. Bourdain. 3
Transmissions de la pensée et de la voix, par L. Du Temple. 4
Vache laitière (*Choix*), par Dubos. 4
Vernis (*Fabrication*), par Violette. 4
Vêtements de femmes et d'enfants, par Elisa Hirtz. 3
Vigneron (*Guide du*) par Fleury-Lacoste suivi des maladies de la vigne, par Serigne, 1 vol. 4
Vins (*Fraudes et maladies*), p. Brun. 4
Vins factices, suivi de l'immense trésor des Vignerons et des Marchands de vins, par Dubief. 4
Vins (*Traité du Commerce*), Emion. 4
Vinification, par Dubief. 4

Paris. — Imp. Gauthier-Villars et fils

www.ingramcontent.com/pod-product-compliance
Lightning Source LLC
La Vergne TN
LVHW050353060726
842524LV00002B/340